物流职业能力培养系列教材——国家示范性高等职业院校推荐教材

仓储实务

（教师用书）

马　骏　主编

中国物资出版社

图书在版编目（CIP）数据

仓储实务/马骏主编．—北京：中国物资出版社，2012.8

（物流职业能力培养系列教材　国家示范性高等职业院校推荐教材．教师用书）

ISBN 978-7-5047-4318-3

Ⅰ.①仓…　Ⅱ.①马…　Ⅲ.①仓库管理—高等职业教育—教学参考资料
Ⅳ.①F253.4

中国版本图书馆CIP数据核字（2012）第118982号

策划编辑　马　军　　**责任印制**　何崇杭　王　洁
责任编辑　王泽宁　　**责任校对**　孙会香　梁　凡

出版发行　中国物资出版社
社　　址　北京市丰台区南四环西路188号5区20楼　　**邮政编码**　100070
电　　话　010-52227568（发行部）　010-52227588转307（总编室）
　　　　　　010-68589540（读者服务部）　010-52227588转305（质检部）
网　　址　http：//www.clph.cn
经　　销　新华书店
印　　刷　中国农业出版社印刷厂
书　　号　ISBN 978-7-5047-4318-3/F·1794
开　　本　787mm×1092mm　1/16　　**版　　次**　2012年8月第1版
印　　张　9　　**印　　次**　2012年8月第1次印刷
字　　数　123千字　　**定　　价**　19.80元

总 序

近年来，高等职业教育在工学结合人才培养模式和课程建设的改革方面取得了巨大成就。随着教学改革的深入，教材建设和改革的任务更加迫切。高等职业教育的教材同样不能是“发面馒头”或“压缩饼干”，要通过创新，建设适应高等职业教育教学规律的教材。教材与课程紧密相关，教材是课程的物化。高等职业教育课程特点为：在教学目标方面，培养职业道德素质和综合职业能力；在教学内容方面，选取与区域经济密切相关的工作任务作为教学内容的载体；在教学方法方面，采用以学生为中心、教学做一体的行动导向教学法。因此，高等职业教育的教材，同样要体现这些特征。

北京电子科技职业学院以服务首都经济发展为目标，培养高素质技能型专门人才为己任。通过国家示范性高等职业院校建设，各方面取得了巨大成就。系统性的教学改革和专业建设是其特色之一。物流管理专业的教材编写工作，是在对专业课程体系综合、系统的改革基础上进行的。目前已经完成若干课程系列教材的编写工作。本套系列教材具有以下特色：

(1) 通过校企合作、工学结合的方式开展教材编写工作。在教材编写过程中，调研了典型企业，选取企业的典型案例。召开了企业专家研讨会，教师与企业专家共同研究编写方案。企业专家亲自参与教材的编写工作和审稿工作，保证了教材内容符合企业对人才的需要。

(2) 内容和形式有所创新，反映了近年来高等职业教育改革的成就。教材打破了学科体系讲授式的编写方法，以项目、案例作为载体贯穿教材。通过项目、案例的教学活动，不仅使学生能够直观了解企业的物流活动，更有助于学生通过具体的工作流程和工作任务，将实践体会抽象概括为普适性理论知识，再用于指导新的实践工作。培养学生举一反三、触类旁通的能力。

项目、案例的前后安排逻辑性强，按照由简单到复杂、由单一到综合的递进关系编排。符合认知规律和职业能力的培养规律，有助于学生循序渐进地学习。

在每个项目、案例前后，配以引导性说明和知识讲解，便于在实践性知识学习后的理论知识学习，体现了理论、实践一体的思想。

(3) 突出服务区域经济。教材选取的项目、案例具有很强的首都经济特点。例如，选取IT企业的物流项目，是具有北京经济特色的物流项目——易通公司的物流项目。该企业本身就是北京的企业。选取这样的内容，不仅有利于在教学过程中安排到相关企业开展实践性教学活动，也有助于学生在就业后能很快地熟悉并掌握业务，实现学习与工作的有机结合。

(4) 编写不同用途的教材。传统的教材一般都是学生、教师共用一本教科书，教师授课需要自己找资料。这套教材，除了学生用书外，还有教师用书。因此不仅极大地方便了教师授课的需要，同时还能够起到资源共享的作用，为教师授课提供了便利。

尽管我国高等职业教育改革取得了很大成就，但仍有许多需要改进之处，教材建设也不例外。伴随着不断的实践，本套教材也需要科学发展，日臻完善。

北京电子科技职业学院物流管理专业的马骏老师，在编写过程中做了大量组织协调工作，特别是联络了一批企业专家参与，并且马骏老师和我经常一起讨论德国物流职业教育的问题，尝试借鉴国外的经验。本套教材的完成，是马骏等老师和企业专家共同努力的成果。

希望参与工作的老师和专家再接再厉，不断修订完善，为我国物流职业教育的发展作出更大的贡献。

陈 东

2010 年 7 月

前 言

仓储管理活动是物流管理的主要支撑活动之一。它和运输管理一起，构成了物流管理主要的两个组成部分。它们既是最为传统的物流活动，即“储”与“运”，也是现代物流活动的两大基本主题，即使在十分强调物流综合化的今天。

同时，仓储可以构成十分独立的工作领域，要求有相对独立的工作知识、技能以及工作习惯。比如，仓储工作领域典型的基础工作岗位是库房管理员。企业需要围绕库房管理员这一岗位完成货物的入库作业、库内货物的整理、出库作业、退换货管理、盘点、现场安全管理等一系列具有完整性、可以为企业创造独立工作价值的工作。而物流企业的项目经理、运营总监和商业及制造企业的物流项目管理人员、物流总监等职位的工作，也有很大一部分是进行着物流设施网络的规划、仓储物流信息化的开发与实施等工作。这些均是仓储活动中十分独立的工作领域。

本教材依据的教学策略主要参照呈现、发展、应用、整合四个主要的学习成分，由此构成所有教学单元教学策略的基本组成部分。这四个主要学习成分可以简述为呈现学习情境、发展学生的整体认知、引导学生将其应用于新的情景、帮助学生建立该门课程各项目之间的整体联系。我们希望教学策略能够较好地贯彻“学生为主体，教师为主导”的职业教育核心思想。

该课程是基于以工作过程为导向的理论实践一体化课程。其教授对象是高职学生，在教学中强调学生的技能和知识的应用能力。因此教学的出发点是将过去以教师教为主的课堂“灌输式、填鸭式”的教学方式逐步过渡到以学生学为主，真正让学生动起来，体现高职教育、教学的特点。

希望使用本教材的教师，能够结合教学实际，尤其是所教授学生的认知水平、能力水平，将本教材作为教授仓储管理的一个起点，应用具有自己特点的教学策略；将本教材作为一个支点，激发学生学习的主动性。师生共同创造并保持教室里乐于学习、善于学习的活跃气氛，以实现教学相长。

作为新的尝试，也囿于作者水平有限，书中难免有疏漏之处，欢迎您批评指正。

编　者

2012 年 5 月

目　录

1 课程标准

1.1 课程定位

仓储管理活动是物流管理的主要支撑活动之一。它和运输管理一起，构成了物流管理主要的两个组成部分。它们既是最为传统的物流活动，即“储”与“运”，也是现代物流活动的两大基本主题，即使在十分强调物流综合化的今天。

仓储行业是较为独立的产业门类，在国民经济中拥有一定的位置。比如2008年物流业固定资产投资总额是17508亿元，其中仓储业的固定资产投资总额是1122亿元，占比6.4%；与此同时，社会物流总费用54542亿元，其中保管费用18928亿元，占比34.7%（数据来源：2009年中国仓储行业发展综合报告）。运输公司、快递公司与非资产的物流公司，为了向综合物流企业发展、增强企业的核心竞争力，纷纷投资建设仓储设施。

同时，仓储可以构成十分独立的工作领域（此书中工作领域是指具有一定完整性、独立性的工作活动组成的集合。该集合在企业中以部门、岗位的形式真实存在，通过这些岗位的工作活动为企业创造价值）。同时，该工作领域要求有相对独立的经验、知识、技能以至于工作习惯。比如，仓储工作领域典型的基础工作岗位是库房管理员。企业需要围绕库房管理员这一岗位完成货物的入库作业、库内货物的整理、出库作业、退换货管理、盘点、现场安全管理等一系列具有完整性、可以为企业创造独立工作价值的工作。而物流企业的项目经理、运营总监，商业及制造企业的物流项目管理人员、物流总监等职位的工作，也有很大一部分是进行着物流设施网络的规划、仓储物流信息化的开发与实施等工作。这些均是为仓储活动中十分独立的工作领域。

基于上述三点考虑，对于物流管理专业的学生而言，设置仓储管理这门课程是十分必要的，它可以帮助学生对企业中实际存在的独立的工作领域形成完整的知识、技能储备；同时，对于学生认知其他的物流环节也十分重要。不论从事物流工作的哪一个环节，对仓储运营的了解会形成其知识和技能构建的重要基础部分。另外，职业的晋升空间中，仓储中的高技能与知识要求部分，比如选址、设施布置规划、设备选型等亦需要本课程来进行前期的准备与铺垫。

本课程的前导课程是物流概论、企业管理、市场营销等物流管理专业中的基础课程。通过前导课程的学习，学生对物流的基础知识领域，诸如物流的基本概念、物流分类、物流的发展历程、物流系统的构成、物流服务与物流质量、物流成本管理的相关思想及学说、物流技术及装备的类型、第三方物流概念、物流标准化体系等得到全面的了解与认识；对企业管理的计划、组织、领导、控制等主要活动的开展原则与方法、市场营销与客户服务的基本理念与方法有所了解。在此基础之上，学生可以在仓储管理领域进行细化、深入的学习。同时，可以以项目训练为主提高自身在仓储工作领域的核心从业能力。

本课程的后续课程是物流管理、物流系统工程等物流管理专业中的综合性、提高性的课程。后续课程的学习，学生主要是站在战略的高度研究公司的物流整体运作，从物流系统整体出发，把物流和信息流融为一体，看做一个系统，把生产、流通和消费全过程看做一个整体，运用系统工程的理论和方法进行物流系统的规划、管理和控制，选择最优方案，以最低的物流费用、高的物流效率、好的顾客服务，达到提高社会经济效益和企业经济效益目的的综合性组织管理活动。

我们可以看到，仓储管理是物流概论与物流系统工程这两个层级的中间课程，起到承上启下的作用。同时，适用于学生不同的学习阶段，逐渐上升到管理的层面与高度，由一个对物流一无所知的新生，开始了解相关的行业和基础知识，继而以项目训练的方式熟悉仓储这一领域的工作内容、方法，由此形成一定的知识、经验、技能的积累与对行业具备一定深度的认知。继而开拓学生更大的视野，促使其从系统设计的角度来研究问题，打开部分学生上升的空间。

1.2 课程目标

根据国内徐国庆等职业教育课程专家的研究，高职课程目标应当通过其所面向的工作岗位来定位。职业教育是面向职业的教育，职业岗位纵横交错，构成了一个复杂的体系，其层级差别决定了所需教育的差别，因而职业教育课程开发应使用“岗位”这个参照点来定义课程目标。工作岗位能够给课程目标提供最为清晰和准确的答案。这就要求高职课程改革首先要细致分析、明确定位专业所面向的职业岗位。在确定岗位时有三个重要思考维度：它应当是学生就业后若干年内能达到的预期职业岗位，而不是起点职业岗位；所确定的职业岗位在层级上要有鲜明的高职特色；有些口径过宽的专业，可依据地方经济特色选择其某一个方向作为课程目标。在此，我们通过图 1－1 来示意仓储工作和学生目前认知状况的联系。通过此图，我们希望说明，仓储课程的目标是学生通过课程的学习最终能够从事仓储的诸项工作。

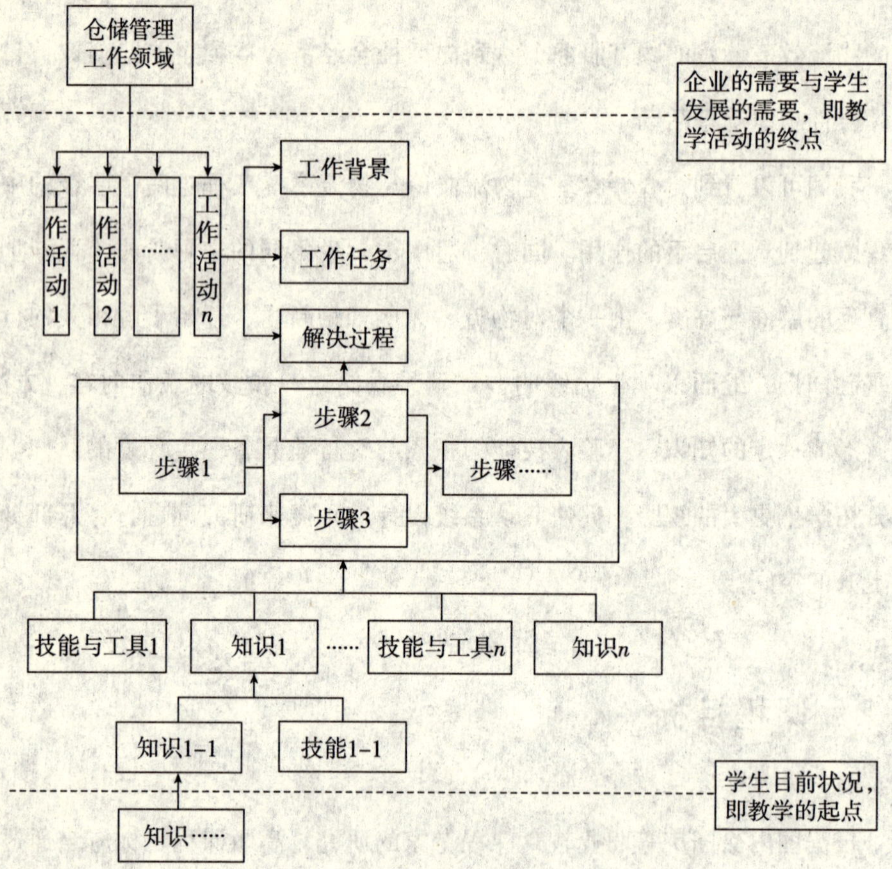

图1-1　仓储管理的教学起点与终点设置

在教材编写的前期工作中，我们针对仓储物流管理活动进行了工作分析。表1-1和表1-2是由参编教材的甲方企业人员进行的仓储工作分析，表1-3是由参编教材的乙方企业人员进行的仓储工作分析。从下列三个表中我们可以详尽地看出仓储具体的工作范围，其中典型的工作活动与任务、对应于任务需要工作人员具备的技能及知识要求以及工作中的典型问题及主要的挑战所在。这些形成了我们进行下一步课程开发的基础。

表 1－1　　企业物流的仓储工作分析

工作领域	典型工作活动与任务	技能与知识要求	工作中的典型问题或主要挑战	基本素质（社会能力或常识）要求	对应的主要岗位
入库单接收	• 入库单接收 • 核对入库单 • 与采购或运营部门人员协调 • 与供应商协调 • 汇总入库单信息、报表	• 理解表单的含义和重点 • 能够制作表单 • 会做相关报表	• 独立完成表单，主要内容明晰并符合公司要求 • 能够根据供应商以往情况，总结前置期的时间	• 沟通能力 • 办公软件熟练应用	• 订单员
接收货物	• 接收上游单据，根据单据和供应商送货顺序排布接收货物 • 检查货物数量、外包装状况 • 控制接货现场秩序 • 针对异常情况与主管和供应商交涉 • 对供应商送货单签字	• 了解储位管理的原则 • 了解平库、立体库的优劣势 • 根据不同的产品建议不同的储存方式	• 固定储位和随机储位的管理 • 协助主管完成储位与IT技术的结合	• 沟通能力 • 办公软件熟练应用	• 接货员 • 库管员
分理货物	• 针对接收货物，按照类别分区 • 管理作业人员完成标签的制作和贴牌等 • 指挥叉车人员完成货物的入位	• 货物分类标准 • 储位知识技能 • 包装技能	• 不同产品的特性要求不同的存储方式 • 同时对于包装具有一定的了解	• 沟通能力 • 办公软件熟练应用	• 理货员 • 库管员

续 表

工作领域	典型工作活动与任务	技能与知识要求	工作中的典型问题或主要挑战	基本素质（社会能力或常识）要求	对应的主要岗位
库内管理	• 库位调整 • 货位调整 • 内部清洁 • 出库作业指导 • 台账记录、清账、盘点作业等	• 货物分类标准 • 储位知识熟练掌握 • 具有一定的管理技能	• 对于库内人员具有一定的协调能力 • 保证账务清晰	• 沟通能力 • 财务基础知识 • 货位知识 • 基础管理能力	• 库管员 • 主管
盘点业务	• 账务盘点 • 实物盘点 • 账物调整	• 基础财务知识 • 盘点方法 • 分析方法	• 永续盘点、时段盘点等方法的应用并有基础的分析能力 • 判断账实不符的原因	• 基础财务知识 • 分析方法 • 沟通能力	• 财务 • 库管
货位移动	• 规划货位、库位 • 指挥叉车工或操作叉车完成 • 独立辨别货位或与计算机结合完成储位调换	• 储位知识 • 叉车操作 • 叉车工具基本问题判断	了解各种叉车的优劣，根据货物、库房实际状况，合理应用叉车，并用各种作业工具完成货位的调换	• 储位知识 • 基础工具常识 • 叉车常识	• 库管员 • 叉车班组长
出库单接收	• 出库单接收 • 核对出库单 • 与销售人员、物控人员、运输组协调 • 汇总出库单信息、报表	• 理解表单的含义和重点 • 能够制作表单 • 会做相关报表	• 独立完成表单，主要内容明晰并符合公司要求 • 能够判别出库基本状况，按顺序发放单据	• 沟通能力 • 办公软件熟练应用	• 订单员

续 表

工作领域	典型工作活动与任务	技能与知识要求	工作中的典型问题或主要挑战	基本素质（社会能力或常识）要求	对应的主要岗位
出库业务	• 接收上游单据，根据单据和运输商接货顺序排布货物出库顺序 • 检查货物数量、外包装状况 • 控制出货现场秩序 • 针对异常情况与主管和供应商交涉 • 对运输商送货单签字	• 了解储位管理的原则 • 了解基本的包装知识 • 了解货物拣选方法	• 摘果法与播种法的应用	• 沟通能力 • 办公软件熟练应用 • 一定的组织能力	• 出库员 • 库管员
出库复核（个别公司有此岗位，等于出库后与运输的交接工作，分担了一部分出库验收的工作，约等于出库业务的一部分）					
业务绩效考核	• 对仓储各种事故、投诉进行分析，考评，提出整改意见，监督实施 • 对库房安全不断提出优化措施	• 了解仓储的全流程 • 了解仓储绩效指标	• 对牵涉到库房运作的各种事故进行汇总并提出整改报告	• 沟通能力 • 分析能力 • 办公软件熟练应用 • 了解安全知识	• 仓储客服 • 订单员
仓库选址	• 能从经济、成本的角度，结合区域交通、政策、税费等因素，进行计量化的选址分析	• 重心法、中心法的掌握 • 区域政策、交通、政治状况了解	• 能够熟练应用选址方法做出选址模型	• 分析能力 • 沟通能力 • 熟练应用办公软件 • 管理能力	• 主管 • 经理

续 表

工作领域	典型工作活动与任务	技能与知识要求	工作中的典型问题或主要挑战	基本素质（社会能力或常识）要求	对应的主要岗位
库内布局规划	• 对仓储的各项作业流程熟悉，根据货物类别、货物量、进出频率合理规划和优化库内储位动线、分区	• 了解动线的意义 • 熟知作业流程 • 熟悉货物分类标准 • 熟悉各种仓库类型的优劣势 • 熟悉各种作业工具的优劣和参数	• 结合立体库、AS/RS 仓库合理对库内区域进行布局	• 分析能力 • 管理能力 • 沟通能力 • 对各种作业流程、仓库类型、作业工具了解并熟知	• 主管 • 经理 • 高级规划员
库存控制	• 根据库内货物上下限监控货物数量	• 了解库存管理的意义 • 会应用一定的库存计量方法	• 合理确定库内货物的上限、下限以及安全库存量	• 沟通能力 • 分析能力	• 物控员
仓储管理成本核算	• 对各种作业类别清楚 • 为各种作业类别确定作业成本	• 一定的财务知识 • 了解流程	• 利用作业法分析仓库成本，提出合理化改进意见	• 分析能力 • 财务知识	• 财务 • 主管 • 经理
WMS改进与调整	• 了解作业流程，对信息系统提出改进	• 基础计算机语言 • 熟知流程	• 随时进行数据更新 • 对 WMS 提出模块改进要求	• 沟通能力 • 基础计算机知识 • 分析能力	• 订单员 • 主管 • 经理

表 1－2　　企业物流的仓储管理工作分析

作业类型	工作任务	工作对应职责说明	需要的技能	评价标准	企业内对应的岗位
收货	接收到货	●根据采购清单和件数接收货物，及时核查破损、异常情况并填写签收单 ●根据入库通知清点货物，并将清点结果及时反馈给 ERP 入库人员 ●保证入库工作在货到后 1 个工作日内及时准确完成	●细心，要求熟悉签收的重要性 ●书写简洁、严谨	●ERP 操作人员反馈 ●采购人员反馈	●库管 ●采购专员
	入库清点	●根据采购清单认真核对每一项物料的名称及数量，任何差异均需有邮件反馈给采购并跟踪直至核对无误，并将清点结果及时反馈给 ERP 入库人员	●细心，发现问题及时向前端反馈 ●要有团队意识	●ERP 操作人员反馈 ●产品部反馈 ●主管考评	●库管 ●采购专员
	入库时间	●非大型项目到货要保证入库工作在到货后的 1 个工作日内完成 ●大型项目到货要根据项目进度安排盘点时间	●“今日事今日毕”	●ERP 操作人员反馈 ●商务执行反馈	●库管
	入库货物整理及上架	●货物清点完成后可在收货区暂存 3～5 天，确认非近期出货的必须及时上架 ●保证同种货物同区码放，同一个货物按既定原则码放	●执行力要好，对于企业交代的职责要保质保量按时完成 ●要有足够的整理意识	●主管考评	●库管

续 表

作业类型	工作任务	工作对应职责说明	需要的技能	评价标准	企业内对应的岗位
收货	系统入库	• ERP 系统入库操作必须在 1 个工作日内完成，入库 SN 要填写及时准确，入库单据打印后要及时复核，出现问题及时调整	• 细心，熟悉 ERP 入库操作流程	• 主管考评	• ERP 操作员
发货	提货	• 严格按照提货单从库房提货，提货准确率 100%	• 熟悉货位的概念	• 发货人员反馈	• 库管
	先入先出原则	• 提货时应区分项目发货与库存备货 • 项目发货必须发指定项目的货物 • 库存发货必须满足先入先出的原则 • 主机类的先入先出原则达到 95%	• 熟悉批次、保质期、保修期的概念，理解其含义并有效规避风险	• ERP 操作人员反馈 • 产品部反馈 • 主管考评	• 库管
货物在库管理	在库存储管理	• 库存产品按规则码放，规则必须明确统一	• 执行力好	• 主管考评	• 库管
		• 所辖区域内货物码放整洁有序	• 个人工作习惯要好，工作桌上的物品码放能看出库管的工作效果	• 物流经理意见 • 拆装组反馈 • 内审反馈	• 库管
		• 保证库存产品安全，丢失率、操作损坏率为 0	• 安全意识要强	• 主管考评 • 内审反馈	• 库管

续 表

作业类型	工作任务	工作对应职责说明	需要的技能	评价标准	企业内对应的岗位
货物在库管理	在库存储管理	• 能根据现有空间利用及货物特性，不断扩展发掘库房可利用区域，提高货架的空间利用率	• 对空间的利用率高，能有效根据业务进行调整现有空间内的货物码放情况（在符合码放规则的前提下）	• 物流经理考核 • 主管考评	• 库管 • 库房主管
		• 能针对货物异常情况及时反馈给主管，并做好移库（旧、坏货库）的准备工作	• 风险意识要强，要明白自己管理货物背后的企业成本风险（坏件、损件）	• 拆装组反馈 • 主管考评	• 库管 • 库房主管
盘点	日盘点、周盘点	• 能根据小产品线的特性，有针对性地做好周盘的工作，盘点结果及时提交主管 • 发现问题及时分析解决或反馈		• 结果的准确性 • 账实相符	• 库管 • 库房主管 • 物流经理
	月度盘点	• 保证盘点结果准确 • 盘点准确率 100%		• 结果的准确性 • 账实相符	• 库管 • 库房主管 • 物流经理

续表

作业类型	工作任务	工作对应职责说明	需要的技能	评价标准	企业内对应的岗位
信息系统	出入库确认操作	• 要重点理解并执行出入库单据的指令 • 要清晰理解所在岗位上下游对应人员的工作含义 • 出入库单据必须有相关负责人员的书面签字才能有效 • 实际出入库完成后应尽快做完对应 ERP 操作的确认 • 要能理解和应用实物操作和系统操作的一一对应关系	• ERP 系统的理解和学习	• 系统操作的及时性	• 库管 • 库房主管
	ERP 系统工具的应用	• 要能熟练掌握库存及仓储部门各 ERP 模块及操作命令的含义及使用方法 • 要能准确的根据物料编码、SN、出入库时间、订单号等基本信息反向查找其他信息 • 要能熟练的导出盘点报表		• 系统操作的熟练性 • 工作任务解决时的结果性	• 库管 • 库房主管
库存管理部分	借货管理	• 熟悉并掌握公司现有借货政策 • 根据公司借货政策和规定在实际业务中沟通协调，执行操作	• 熟悉公司政策 • 对公司业务发展有一定的理解度	• 借货的 KPI 考核达标	• 物控

续 表

作业类型	工作任务	工作对应职责说明	需要的技能	评价标准	企业内对应的岗位
库存管理部分	库存分析	• 能根据公司规定完整统计、分析现有库存数据，并制作出公司规定格式的各种库存报表及图表	• Excel 工具精通 • 公司业务的理解度精通	• 库存数据的准确性和及时性	• 物控

表 1－3 **物流企业仓储管理工作分析**

工作领域	典型工作活动与任务	技能与知识要求	工作中的典型问题或主要挑战	基本素质（社会能力或常识）要求	对应的主要岗位
体系建立	作为项目经理或者仓库主管，建立完善的仓库组织结构、工作流程、单据表格、各岗位职责、班组安排、仓库的考核体系、安全管理措施	• 理解仓库管理的一般目标（安全、效率、成本） • 仓储账目建立的思想（由过程到结果） • 了解仓储的工作内容，根据实际情况在常见岗位（库管、叉车司机、理货人员、装卸工、信息统计人员）之间分配这些工作，形成岗位职责 • 将工作内容流程化、单据化（单据的基本字段） • Excel、VISO 等软件的应用	• 对仓储各个环节的细节很了解，能系统地考虑问题，同时能很好地表达出来	• 系统考虑问题的能力	• 仓储经理

续 表

工作领域	典型工作活动与任务	技能与知识要求	工作中的典型问题或主要挑战	基本素质（社会能力或常识）要求	对应的主要岗位
仓库的运营	货物质量检查	• 充分了解货物特性及一般货物的验收标准 • 包装要求 • 批次、保质期的知识			• 库管
	货物存放位置安排	需要考虑的方面： • 货物收发频率 • 仓库的整体布局结构 • 货物特性等	• 如何用合理的空间尽量多地放置货物，保证货物方便存取，保证效率	• 通盘考虑问题的能力	• 库管
	货物数量、品种核对	• 货物品种、规格的区分，条码设备的应用 • 既准确又快速地点清数量（按托盘点数等方式） • 数码设备的使用	• 如何准确、高效地完成，考虑冗余环节，增加复查环节		• 库管 • 理货 • 叉车司机
	实物与单据的核对	• 了解单据记载内容与货物的对应关系			• 库管 • 理货 • 叉车司机

续 表

工作领域	典型工作活动与任务	技能与知识要求	工作中的典型问题或主要挑战	基本素质(社会能力或常识)要求	对应的主要岗位
仓库的运营	货物分拣、堆放形式的转化	• 常见货物的堆放形式 • 常见货物的搬运技巧	• 入库、出库时的分拣工作在整个仓储环节中很重要也很复杂，会影响到数量清点、货物存放，是既要求速度更要求准确的工作		• 理货 • 装卸工
	货物空间移动	• 常见的仓储装卸设备 • 仓储装卸设备操作资质和技能（例如叉车证）			• 叉车司机 • 理货
	货物交接	• 常用的交接手续/签字手续			• 库管
	仓储设备的检查与维护	• 操作设备安全检查维护制度（叉车的保养和维修） • 消防设施安全检查制度			• 库管 • 叉车司机
	仓库账目记录，系统核销	• 账套设置 • 与单据如何关联 • 根据客户需求制定记账方式，与客户的账目保持一致 • 仓储账目的实现方式(系统、电子表格、手工)	• 账套设置很有学问，首先要能完全体现出仓库的出入存货状况，还要能与单据、客户账目建立对应关系，方便查找		• 库管 • 信息员

续 表

工作领域	典型工作活动与任务	技能与知识要求	工作中的典型问题或主要挑战	基本素质(社会能力或常识)要求	对应的主要岗位
仓库的运营	仓库账目与实物的核对		• 仓库盘点很重要但会增加仓库人员的工作量，盘点的频率是问题的关键		• 库管 • 信息员
	仓库账目与客户账目的核对			• 沟通能力	• 信息员
	仓储人员的合理分工和排班	• 企业劳动用人规定 • 在一定约束下完成任务的分配和平衡	• 以上所有的工作内容关键要在一定约束下完成，分配工作会比较灵活，可能一人多职，也可能一职多人	• 分析能力	• 库管 • 仓储经理
效率统计与成本核算	每月末形成工作量和成本的统计，为薪金奖励、公司运作赢利情况提供数据支持	• 仓储成本的构成 • 仓储常见的数据指标（例如周转率等）	• 如何公正、客观地反映出仓库人员的工作量，并将其与奖励机制联系，真正体现多劳多得	• 分析能力	• 信息员做统计 • 经理做分析
合同	编写仓储合同	• 仓储成本构成 • 仓储保险知识			

通过对上述三份工作分析表的梳理，我们可以发现：

(1) 甲乙双方均有较为完整的仓储物流工作领域

从涉及的企业不同管理层级而言，包括以入出库为主体的日常运作、以绩效及数据分析为主体的战术管理层面和以设施规划为主体的战略管理层面。

(2) 甲乙双方的基本角度不同形成各有侧重的管理内容

甲方侧重把仓储管理看成其企业运营管理的重要组成部分，重视其对企业整体的支撑作用，并着重加强对运营方的考核（在运营外包的情况下）。对乙方而言，仓储业务会形成其物流运作收入的部分来源，因此乙方强调侧重现场运营管理及每个作业环节的不断改善。

(3) 甲乙双方对仓储工作的要求相同

仓储工作本身要求较高的准确性、及时性、安全性，为此要求仓储工作人员具备综合的素质与技能，比如细心、发现问题及时向前端反馈、要有团队意识等。

如前所述，能够完成仓储工作领域的典型工作活动与任务，是我们该门课程的设置目标。具体而言，一方面为了奠定学生在该领域的入职基础，另一方面为了保证学生入职后的发展空间。我们确定了该门课程能够实现的整体目标是：“能够完成一般仓储从业人员在入职和发展的3~5年之内的可能的典型工作活动和任务。”换而言之，仓储从业人员会经由一定的职业成长路径，即从库房管理人员到项目协调人员，最后成为物流中高层管理人员。因此，我们的课程要能够涵盖其在这三个阶段的主要工作活动。

下面是我们归类整理的三个阶段的主要工作活动：

(1) 运营

- 货物的接收和检验
- 货物的堆码
- 货物的分类管理
- 货物的装卸搬运
- 货物的发运
- 货物的盘点
- 退换货及残品管理
- 仓库的安全管理

(2) 绩效管理

- 仓储成本核算与分析
- 仓储管理 KPI 设计与分析
- 仓库的管理优化

(3) 中高层管理

- 仓库的选址
- 流程设计与平面布置及储位安排
- 设备配置
- 设计仓库信息管理系统
- 仓库业务开发
- 客户需求调研与分析
- 仓储合同拟写与谈判

● 标书准备及投标申诉

1.3 课程内容

物流职业教育有一个普遍存在的现状，也可以说处于一种十分尴尬的境地。即企业认为职业院校并没有教给学生工作中所需要的知识，学生也会认为学到的知识在企业里没有用武之地。

这其实说的就是职业教育的内容和企业实际的吻合程度的问题。比如宅急送公司前总裁陈平在《大学生就业难，谁之过》一文中谈到，大学生就业难是大学生的过错吗？不是，是我们教育体制和用人单位的过错。学校搞教学科研、传授知识、拿论文奖是天经地义，问题是我们在传授知识的时候想没想过书本知识在实际工作中到底实用性有多少，学习的目的是不是在于应用？如果是应用，那就应该一切从培养学生学习能力、分析问题和解决问题的能力出发，让大学生不走出校门也能了解社会、适应社会。同时，他认为企业不是不需要大学生，而是需要上岗就能用、要立竿见影的大学生。究其原因，如果课程内容来源于学科，实用性不高，与职业实践缺乏关联，而且课程内容没有建立与岗位情景及任务的联系，那么势必会形成上述现象。

仓储管理课程是物流专业的核心课程，是以工作过程为导向的理实一体化课程，其授课对象是高职学生。对于高等职业学院的学生，其教育的核心是密切结合实际工作来安排课程内容和进行课程体系的设置，其培养目标是能在各行业基层直接承担具有高度技术性和负责性工作的技术人员或经营管理人员，强调学生的技能和知识的应用能力。因此本课程内容选择以就业为导向、以企业专家研讨会形成的典型仓储工作任务和工作内容为依托，体现职业性原则；以企业实际案例为背景资料，体现实践性原则；学生参与每一个项目的活动，按照教学任务贴近实践的原则，达到培养专业能力、社会能力和方法能力的目标。

围绕上述目标，我们形成了如图 1－2 的主体课程内容。该内容涵盖了从一个新入职员工对仓储管理的初步认识，到作为一个仓库基层管理人员进行仓库的运营，继而以企业中层管理的角度进行绩效管理、信息化、业务开发等工作。上述全部教学内容既吻合了学生成长和认知发展的规律（由简单到复杂），也基本符合企业的仓储业务过程。但在二者冲突的时候，我们会更加尊重前者。比如惯常而言仓库的规划应该早于仓库的运营，但规划这部分内容对于知识及能力要求的复杂程度高，因此，我们将其后置。

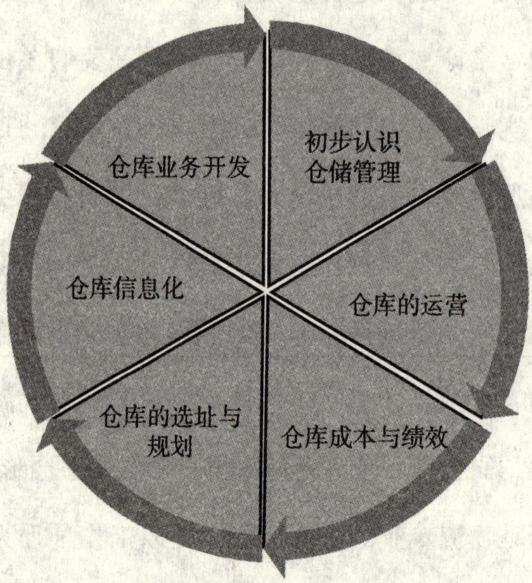

图 1－2　课程主体内容

每一个教学项目下会结合具体情况设置若干个教学模块，因后面会展开论述，在此不再赘述。

总体而言，《仓储实务》的编写充分考虑了以下一些因素：

(1) 以仓储职业发展为目标

结合物流企业仓储工作特点，以及高职学生的就业方向、将来从事的相应岗位要求，注重对学生毅力、学习能力、刻苦精神、团队精神、创新精神的培养，构建职业生涯发展的通用能力结构。

(2) 以专业能力为基础

根据物流行业中仓储实际工作岗位的能力要求，专业技能需要的知识体系提炼专业能力，作为知识培育的切入点和考核点，重组教学内容，改革课程体系。

(3) 以工作结构为框架

整个的学习构架以工作结构为基准，改变传统课堂教学框架，构建学习机构，安排仓储管理课程的整个教学构架，以个人独立思考、操作或团队分工协作的方式完成学习任务。

(4) 以工作过程为导向

整个的学习过程都是围绕工作的流程而展开，课程顺序注重能力的提升，让学生进入专业初始就对将来要从事的工作有清楚的认识，根据工作过程所要求的知识结构安排课程教学内容。

(5) 以工作实践为起点

完成学生的角色转换，让学生从学习者转变为工作者，变被动填鸭式教学为主动吸取，学生为完成工作任务而去探索去追寻解决问题的方法。

1.4 教学模式与方法

仓储实务是物流专业的核心课程，是基于工作过程为导向的理论实践一体化课程，其教授对象是高职学生，在教学中强调学生的技能和知识的应用能力。因此教学的出发点是将过去以教师教为主的课堂“灌输式、填鸭式”教学方式逐步过渡到以学生为主，真正让学生动起来，体现高职教育、教学的特点。本课程整体而言是一门项目型课程，以一家第三方物流企业的仓储业务作为整体项目背景，各个教学模块选取该企业业务范围内的典型工作活动，设计项目背景和项目任务。

课堂以学生作为主体，因此在备课准备的时候要做好充足的准备，不仅充分考虑到学生的层次不齐，不可能在同一时间完成任务的实际情况，做好机动性调整方案，而且还要考虑学生可能受影响的各种因素，作出几套方案，针对不同的项目模块、不同的知识点、不同的课程内容采用灵活多样的教学方法，主要有：

（1）以启发和互动为侧重点的“讲”法

项目课程也需要讲授的环节，这一环节对于学生在教学项目初期的任务导入、在项目进行中期的思路指引以及在项目进行后期的完整学习成果建立均有十分重要的作用，基本建议是教师务必要尊重学生的知识、经验及能力起点。任务导入阶段很重要的目的是建立学生对任务的兴趣，这一阶段的中心环节对教师而言是了解学生的学习起点。教学项目中期是学生构建自己的知识体系的核心过程，我们要以任务和问题为中心，解决教学难点、重点。项目后期，对于教师而言是完整的教学循环能否得以实现的阶段，对于学生而言，是完整的学习体系能否得以构建的阶段。后者是前者的前提，通过对后者的评估即可实现前者的任务。此阶段的重点是对学生教学项目完成情况的核实、评价与反馈。

在教学过程中，讲授法需要避免的是以教师为中心的单向灌输式讲授。教师要能循序渐进地引导、启发和鼓励学生主动思考，积极参与讨论并发表见解。设置不同的任务模块，将学生分组对某个任务进行讨论，学生上台讲，老师和听的学生提问，从讨论教师提问到讨论学生提问，通过互动明晰知识要点与难点。在教学过程中注意激发学生的学习兴趣。对于主动发问，主动参与课堂内容的学生给予奖励，允许答案的发散性和非确定性从而增强学生的分析判断能力和留给学生思考与讨论的空间；更多注意对学生进行学习方法的指导而不是灌输知识，从而使学生能举一反三，触类旁通。

(2) 以学生互动为主的头脑风暴法

头脑风暴法出自“头脑风暴”一词。头脑风暴（Brain - storming）最早是精神病理学上的用语，是对精神病患者的精神错乱状态而言的，现在转而为无限制的自由联想和讨论，其目的在于产生新观念或激发创新设想。头脑风暴法又称智力激励法、BS 法、自由思考法。

根据此方法的提出人 A. F. 奥斯本及其他研究者的看法，头脑风暴法可以通过联想反应、热情感染、竞争意识、个人欲望这四点来激发参与者的思维。

- 联想反应

联想是产生新观念的基本过程。在集体讨论问题的过程中，每提出一个新的观念，都能引发他人的联想，从而相继产生一连串的新观念，产生连锁反应，形成新观念堆，为创造性地解决问题提供了更多的可能性。

• 热情感染

在不受任何限制的情况下，集体讨论问题能激发人的热情。人人自由发言，相互影响、相互感染，形成热潮，突破固有观念的束缚，最大限度地发挥创造性的思维能力。

• 竞争意识

在有竞争意识的情况下，人人争先恐后，竞相发言，不断地开动思维机器，力求见解独到、观念新奇。心理学原理告诉我们，人类有争强好胜的心理，在有竞争意识的情况下，人的心理活动效率可提高50%或更多。

• 个人欲望

在集体讨论、解决问题的过程中，个人的欲望自由不受任何干扰和控制，是非常重要的。

头脑风暴法有一条原则，不得批评仓促的发言，甚至不许有任何怀疑的表情、动作、神色。这就能使每个人畅所欲言，提出大量的新观念。

高职学生社会经验欠缺，知识积累少，但由此而言受既有观念的束缚小，能够展开想象，这于是成为该方法得以较好应用的基础。在仓储课程的教学中，大量的环节可以用到头脑风暴法，比如对于ABC分类的方法，其实有多种角度来进行ABC分类，惯常的教材讲的也只是某一种，比如按货值、按周转率，但通过脑力激荡，学生可以产生很多的奇思妙想。

（3）以角色扮演法为侧重的情景训练

角色扮演是一种情景模拟活动。所谓情景模拟就是指根据被试者可能担任的职务，编制一套与该职务实际内容相似的测试项目，将被试者安排在模拟的、逼真的工作环境中，要求被试者处理可能出现的各种问题，用多种方法来测评其心理素质、潜在能力的一系列方法。情景模拟假设解决方法往往有一种以上，其中角色扮演法是情景模拟活动应用比较广泛的一种方法，其测评主要是针对被试者明显的行为以及实际的操作，另外还包括两个以上的人之间相互影响的作用。

本教材提供了整体一系列的教学情景，其中在部分环节可以进行角色扮演的训练，比如对于仓储管理人员岗位能力的认知，可以采取求职与招聘的角色扮演来进行该部分的认知训练。

下面是一个10分钟的角色扮演的例子，教师可以将这一方法在不同的教学内容中灵活运用。

指导语：你将与另一个人共同合作，而且你们所扮演的角色的行为是相互影响的。请快速阅读关于你所扮演的角色描述，然后认真考虑你怎样扮演那个角色。进入角色前，请不要和其他被试者讨论即席表演的事情。请运用想象使表演持续10分钟。

• 求职者（角色一）

你是个大二的学生，你想进入一家物流企业寻求库房管理这一实习工作。事先你学习过一些仓储的知识，也有在这领域进行职业发展的初步设想，但是你并不了解现实的仓储活动是如何运作的。现在你走进了某物流公司的人事科。

• 人事科主管（角色二）

你是人事科的主管。你对物流企业的人力资源招聘有丰富的经验，也希望引入大学生进入企业优化人力资源的结构，但是该行业工作环境艰苦、工作内容枯燥等特点使得以前引进的学生流失率很高。同时，你现在正急于拟订一个人事考核计划，十分忙碌。

(4) 现场教学法及实习法

一学期的理论教学效果也不及一天的现场教学，这话虽然有些夸张，但对很多学生而言，确实是有这样的观点。在本书的运营模块，你会看到很多图片，其中部分即采集于企业现场学生的学习情景。

下面引述一个学生的仓储实习总结，我们可以看到该实习对学生明显的认知上的促进和转化。(引述的文字中会有个别错漏字句，在此均未做修改)

第一段描述的是实习初始给他造成的巨大心理落差："这次实习给我的感触真的很深，第一次让自己真正的体验了什么叫社会，第一次感觉自己工作的不容易，社会真的比自己想像中的要复杂的多，工作第一天，我被分到了重库!! 刚开始心里有点不平衡，我们是一个人的分工不同，但没想到我会被分到重库，重库又脏又累，而且每样货物最轻的也得五十斤（饲料)!! 他们却有的被分到了兰尼（工作环境相当好)，分到了办公室，分到了城间调度哪里，每天只是在办公室坐着，看着自己的师傅写写，说说，就可以了!! 可是，真的没想到，我却是那个最幸福的!!"

中间各段讲述了实习过程中的主要工作内容，包括与企业导师逐渐打成一片、某天总出入库260吨的货物、与公司客户的交流以及数不清的出入库单据。

最终的基本总结如下："这次实习真的给了我很大的打击，本以为社会就是社会，没想到…却有这么多的不如意…但我也成长了，我学到了好多!!! 学会了如何管理仓库，如何与自己的客户如何交流,，如何让自己公司得到更大的利益，让自己得到的更多。"

仓储的课堂教学活动，很难组织如此真实、丰富、多样的教学内容，而现场实践对学生的触动作用是显而易见的。所以，如果有可能的话，建议多采取此类的教学形式。同时，也可利用仓储的诸多现场活动进行现场教学。

(5) 视频及图片法

仓储课程涉及大量的设施与设备，不可能全部靠安排参观及企业实践来使学生形成感性认识。那么，在教学过程中我们通过各种不同的教学视频和物流作业设备、作业工具的图片将物流作业环节中的抽象问题以及书本中的抽象知识具体化、形象化，增加感性认识。

另外，在教学过程需要不断变换教学组织形式，例如，完成工作任务时需要采取小组形式，集体讲授时需要采用班级形式，问题讨论时又需要采用小组形式。为了适应这种不断变化的教学组织形式要求，学校的教学场所需要做相应的改变。

1.5 教学策略

本教材依据的教学策略主要参照如下四个主要的学习成分，由此构成所有教学单元中教学策略的基本组成部分。

(1) 呈现

呈现即是我们通常所说的教学导入活动。所谓教学导入活动，具体而言是指在正式教学之前，教师必须考虑的三个因素，包括学习者动机激发、告知学习者学习目标和确保学习者具备开始新的教学的先决技能。激发动机主要就是吸引学习者的注意力，并在随后的教学中维持注意力。此处，可以用的办法是使用学生感兴趣的实例，提出有趣的问题。本课程主要是利用学习情境来实现学习导入。

相对于一上来就介绍理论知识而言，在学习开始的时候引入情境对于学生会有一定的吸引力，在能力导向的学习理论中尤其如此。情境可以让学生探索和调动不同的知识与技能，并且可以使其对未来相关的工作环境有提前的认识和准备。

比如本书采取的整体背景是易通物流公司，该公司是一家专业化的第三方物流公司，如今在全国拥有北京、天津、上海、广州、西安、武汉、沈阳、定州、成都等九家分公司；在石家庄、大连、乌鲁木齐、太原、哈尔滨等地拥有为运输等业务需要提供补充的多家办事处；并在全国各地拥有 15 处库房，库房总面积接近 33000 平方米；与全国 150 余家民营运输车队及铁路、航空公司建立了良好的合作关系，能为客户提供标准、高效的网络服务。学生进入该公司进行仓库运营活动、仓库成本核算、KPI 设计、安全管理以及仓库规划等一系列不同工作环节的学习和实习。

值得注意的是，当学生学习的时候，不管面对的是何种情境，他都会用已有的知识和经验来处理新的学习。教师需要通过教学活动观察学生是如何用旧有经验解释新的学习对象，继而对学生的认知结构及时进行调整和修正。比如，学生在学习某门课程时，发现该课程有部分内容讲授的是企业的中期计划，学生当时认为计划分为初期、中期和末期，而不是教师习以为常的短期、中期和长期。这就需要给学生提供表述自己的观点的机会，从而教师才能发现彼此认知的差异。

（2）发展

发展是指通过能够帮助学生逐步深入掌握学习对象的活动，来建构对于学习对象的整体认知。

归纳法是很重要的一个方法，该方法是一种通过对一定数量的具体事物进行分析从而得出一般性结论的方法。当学习通过归纳法来进行时，教师可以促使学生成为学习的主人。比如学生可通过易通物流公司和其客户中粮集团的合作契约关系来了解食品加工制造企业的仓储管理特点，并且通过比对电器、汽车等其他行业仓储管理的特征得出对于一般性的仓储管理活动的理解。

(3) 应用

学生在建立了对某一问题的认识之后，能够更进一步地在新的情景下应用学到的知识和技能。这一应用既能表明该学生在前述发展阶段是否实现了学习目标，也能促使学生更有效地实现学习的迁移。本书中的拓展项目可以较好地服务于本阶段的教学工作。

(4) 整合

整合是指帮助学生建立该门课程各项目之间的整体联系，建立该门课程与其他课程之间的联系。仓储活动与库存、采购、销售、供应商管理等密切相关，教学也必须如此。因此，需要教师帮助学生建立上述职能之间的工作关系。

1.6 学业评价建议

目前对学生的评价基本上就是通过学习或者学科考试的分数这一量化的认知指标作为主要标准，评价学生优劣的主要依据就是那张记录学生某一时期各科考试分数的成绩单。传统的评价方法就是竭尽所能地发展学生的认知能力，而实际上这种认知能力是相当片面的，学生其他方面的能力或潜力都被残酷地遏制了，智力的发展性、多元性、复杂性也在不知不觉中被割裂和湮没了。

过去重视纸笔测验，这种测验注重对书本知识的考查，只能测量出学生“知道了什么”，而无法测量出学生“能做什么”、“想做什么”，忽视了对学生在学习过程中的考查，如动手能力、失败后的求证能力、小组协作能力等的记载、考查。职业教育不仅要考查学生知道了什么，更重要的是要考查学生“会做什么”、“能做什么”、“能做成什么”。

综上所述，既然高职教育的特点是以职业能力的培养为本位，强调对学生实际工作能力的培养，那么，高职的学业评价就应该是对学生职业能力的评价。换而言之，学业评价的本质是考查学生是否达到本课程设置的主要职业能力目标。结合本课程的目标，应从专业能力、方法能力和社会能力等三方面综合评价学生的学习效果。综合评价要求不仅对学习成果进行评价，还要对学习过程进行必要的监督和考评，因为上述三方面的指标并非都在成果中外显。另外项目化课程的阶段性成果很多，这就要求不仅要进行期末考评，还要加大阶段性考评的力度，而这也有利于促进学生修正错误，增加学习动力。

因为方法能力属于通用能力，会贯穿教学的始终，所以在此简要介绍如何评价一个学生的方法能力。

(1) 工作计划的合理性

考查学生是否掌握了工作计划的制定方法和必要项目，如是否基于对项目任务完成步骤的分析、计划是否足以完成任务；是否包含人员分工、时间进度、必要资源和工具支持等必要项目；这些项目是否足以完成任务等。

(2) 参考资料查找途径的有效性

考查学生是否掌握仓储行业常用的资料来源，其主要的查找途径应包括：教师提供的电子课件等资料、教材、图书馆其他参考书籍、专业网站、任务涉及的企业或参与方的门户网站、其他网络资源等。

（3）项目实施阶段对计划的执行能力

考查学生在分组完成项目任务时是否能按计划实施，是否能够熟练使用网络和办公软件。

（4）自我评价和评价他人的能力

考查学生是否已将正确的方法内化，最好的办法就是让其参与评价，学生的评价指标和评价意见若合理有效，可被其他组成员或教师采纳，并可作为加分的依据。

上述各评价项目可制成评价表在学生完成学习任务的过程中由学生和教师同时填写，考评的同时也起到向学生明确考核指标、促进学习效果的目的。另外，需提醒各位老师注意，方法能力往往需要反复的锻炼，在专业培养的过程中，往往要靠各门课程及各种实践活动的合力形成。

专业能力、方法能力和社会能力三方面的评估标准以及分值比例关系，请参考以下原则：

（1）实践性原则

评估考核标准的依据是课程教学目标规定的能力标准，专业技能的评估以对实训课业的考核为主要内容，社会能力的考核要结合学生在单元各项教学活动中的实际表现进行。

（2）全面评估原则

评估考核采用连续性的过程评估考核方法，即每一教学单元的每一项课业，都有对专业能力和方法能力的评估，单元成绩是几个基本技能训练成绩和综合实践性课业成绩综合的结果。学期末课程成绩是各单元成绩的加权平均。

(3) 差别性原则

专业技能与通用能力的考核在单元评估考核中的比例通常为7：3，但由于各教学单元目标的重点不同、在整个课程中的地位不同，并且各单元对通用职业能力的考核内容有不同的重点，因此各单元在整个课程考核总分中所占的比重是不同的。

同时，可以请学生对教学活动进行评价，以利于教学改进。以下是参考评价项目。

①今天的活动使我明白了

②今天的活动最有价值的是

③我需要在下列方面了解更多的内容或得到帮助

④我打算将所学到的内容用来

⑤为使活动更有效我的建议是

上述各评价项目可制成评价表在学生完成学习任务的过程中由学生和教师同时填写，考评的同时也起到向学生明确考核指标、促进学习效果的目的。另外，需提醒各位老师注意，方法能力往往需要反复的锻炼，在专业培养过程中，往往要靠各门课程及各种实践活动的合力形成。

1.7 教学项目综述

项目课程的一大特色是以项目活动为主要学习方式，认为只有通过大量精心设计的项目活动，才可能真正发展学生的职业能力；但无论课程内容如何恰当，若不能转变学生的学习方式，那么课程改革的效果仍然是非常有限的。因此项目课程开发要求在完成课程设置与内容选择的改革后，进一步围绕课程内容学习的需要进行项目设计，这是项目课程明显不同于能力本位课程之处。

总体上看，现有项目的能力训练要求需要提高：①许多项目的设计比较随意，只是简单地列出一些产品加工活动或服务活动，对典型产品或服务的选择、项目编排的逻辑顺序、项目的问题障碍设置乃至项目实施的组织形式等问题缺乏深入思考。同时，许多项目缺乏问题情境，更多的是培养操作能力，对问题解决能力以及理论认知能力的培养来说，其价值就有限了。②来自企业的真实项目不多。许多项目只是原有技能训练甚至实验项目的翻版，“学校色彩”很浓，缺乏真实的“企业感”。虽然这种项目对于基本能力的训练是必要的，但真实项目更有利于学生对企业产品技术标准的体验以及对“工作压力”的体验，这些功能是模仿项目无法具备的，因此项目课程改革必须大量开发来自企业的真实项目。这导致项目课程开发难度比较大，但却非常有活力和充满特色。

本课程教学项目的大背景是坐落于北京通州区马驹桥镇的北京通州物流基地。易通物流在北京共有四个仓库，其中1号、2号、3号是平面库，仓库面积分别为3000平方米、3000平方米、2500平方米，4号仓库是立体库，面积是2600平方米。仓库总面积为11100平方米。同时，1号库和2号库是易通物流战略客户北海粮油的专属仓库，3号库是好丽友的专属仓库，4号库是综合性仓库，其余客户的货物均存放于此。

学生以新入职者的身份进入公司，一开始是初步认识仓储管理，包括分析仓储业务及上下游环境和物流网络、了解仓储物流业务的组织结构设计及岗位职责等；继而参与到仓库的运营活动之中，包括快速认识公司运营的货物、货物的接收和检验、存储与堆码、分类管理、装卸搬运、发运、盘点、退换货及残品管理等；对公司的基本运作熟悉之后，学生的角色发生了变化：由仓库保管员变成了成本核算员、项目经理，他（她）面临的工作内容也随之发生了变化，包括仓库成本核算与分析、仓库管理 KPI 设计与分析以及简单的仓库管理优化；最后，学生需要站在一个中级管理人员的角度，经历仓库规划、仓库信息化、仓库业务开发以及仓库安全管理等一系列管理活动。

1.8 授课计划表

本授课计划表是按 2 课时为单位，总计 40 课时进行的计划与安排，详见表 1-4。在实际授课过程中，教师可根据自身授课的限制课时适当增减。

表 1-4　　授课计划表

序号	授课内容（章、节标题）
1	项目一　初步认识仓储管理——了解仓储运作环境与管理职责
2	项目一　初步认识仓储管理——了解仓储管理的上下游关系
3	项目一　初步认识仓储管理——了解运营的货物
4	项目二　仓库的运营——货物的接收和检验
5	项目二　仓库的运营——货物的堆码
6	项目二　仓库的运营——货物的分类管理
7	项目二　仓库的运营——货物的装卸搬运
8	项目二　仓库的运营——货物的发运
9	项目二　仓库的运营——货物的盘点、退换货及残品管理
10	项目三　仓库成本与绩效——仓储成本核算与分析
11	项目三　仓库成本与绩效——仓储管理 KPI 设计与分析
12	项目三　仓库成本与绩效——仓库的管理优化
13	项目四　仓库的选址与规划——仓库的选址

续 表

序号	授课内容（章、节标题）
14	项目四　仓库的选址与规划——流程设计与平面布置及储位安排
15	项目四　仓库的选址与规划——设备配置
16	项目五　仓库的安全管理
17	项目六　仓库信息化——设计仓库信息管理系统、使用仓储管理信息系统
18	项目七　仓库业务开发——客户需求调研与分析
19	项目七　仓库业务开发——标书准备及投标申诉
20	项目七　仓库业务开发——仓储合同拟写与谈判

2　项目一　初步认识仓储管理

2.1　项目分析

本教学项目的基本背景是，学生作为易通物流新入职的一名以处理仓储物流业务为主的员工。作为新员工入职，需要了解公司运作业务、上下游环境、组织结构以及公司运作的主要货物的基本情况。

为此，本项目安排了三个教学模块（见图2－1）：

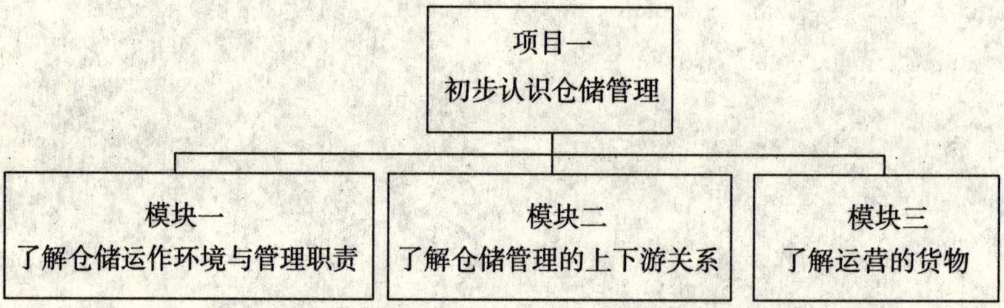

图2－1　项目一所包含的三个教学模块

2.2　教学目标

通过模块一的教学，我们希望学生明确仓库管理的主要目标、了解仓储的形态和运作环境、明确仓库管理的主要职业发展路径，继而可以为新的仓储项目设计组织结构和安排人员。

通过模块二的学习，我们希望学生明确仓库管理的上下游关系、区分不同供应链环节的仓储类型与功能、了解仓储类型的多角度划分。

通过模块三的学习，我们希望学生了解货物的物理特性、货物的商品特性、货物的信息追踪描述以及它们和仓储管理的主要关系。

2.3 教学过程

（1）模块一（2课时）：了解仓储运作环境与管理职责（见表2-1）

表2-1 模块一的教学过程

教学内容及建议的教学过程	时间（分钟）	教学策略
易通公司背景介绍： 一家专业化的第三方物流公司，在全国拥有北京、天津、上海、广州、西安、武汉、沈阳、定州、成都等九家分公司；在石家庄、大连、乌鲁木齐、太原、哈尔滨等地拥有为运输等业务需要提供补充的多家办事处；并在全国各地拥有15处库房，库房总面积接近33000平方米；与全国150余家民营运输车队及铁路、航空公司建立了良好的合作关系，能为客户提供标准、高效的网络服务	5	教学导入活动：激发学习者动机
讨论：仓库的基本功能是货物储存。易通物流公司是一个第三方物流公司，请结合仓库管理的主要对象，分析其仓库管理的主要目标	10	学习者通过活动参与

续 表

教学内容及建议的教学过程	时间（分钟）	教学策略
参观易通物流公司： 易通物流公司坐落于北京通州区马驹桥镇的北京通州物流基地。北京通州物流基地规划面积 5.04 平方公里，是北京市物流发展规划确定的三大物流基地之一。该基地集现代物流功能、内陆口岸功能、流通加工功能于一体，是适应首都现代化国际大都市的功能性基础设施，辐射环渤海地区及全国的重要物流枢纽，为北京市进出货物的集散和大型厂商在环渤海地区、全国采购和分销提供物流平台，定位于公路—海运国际货运枢纽型的物流基地	10	教学内容呈现
讨论：仓库具有不同的类型，请描述易通物流的仓库应属于哪些类型并从每个角度进行分析	20	学习者通过活动参与
了解易通物流的组织结构	5	教学内容呈现
作为一个仓库管理人员，你已经了解了你的主要工作内容。那么，这些工作内容需要对应什么样的能力要求呢	10	学习者通过活动参与
易通公司在天津接手了一个新的项目客户，请你为其设计组织结构及人员安排	10	学习者通过活动参与
对于新设置岗位及职责说明，请学生将表的空白部分填齐	5	学习者通过活动参与
讨论：入出库的核心工作岗位是哪个？核心作业是哪些	15	学习者通过活动参与

（2）模块二（2课时）：了解仓储管理的上下游关系（见表2－2）

表2－2　　模块二的教学过程

教学内容及建议的教学过程	时间（分钟）	教学策略
中粮集团背景介绍： 北海粮油有限公司是易通物流的主要客户之一。“福临门”品牌的小包装食用油是国内目前第二大食用油品牌，其隶属于国资委管理的大型国有企业——中粮集团。目前在国内的天津塘沽、江苏张家港、山东日照、广东增城、新疆沙湾、广西防城港、湖北钟祥市、山东菏泽市分布八个生产加工厂。年小包装系列生产和销售能力达到80万吨，覆盖国内三级以上城市	5	教学导入活动：激发学习者动机
根据“福临门”食用油成品库结构图，请学生结合前文背景分析福临门的CDC、RDC分别会设在什么城市	5	学习者通过活动参与
讨论：供应链的主要过程	5	学习者通过活动参与
请学生勾画福临门食用油物流过程图	15	学习者通过活动参与
站在中粮福临门角度，供应链中仓库可以分为哪几类	15	教学内容呈现
为什么要设置这些仓库，其目的、作用和意义是什么？请讨论与思考后填写中粮福临门供应链仓库设置描述表	15	学习者通过活动参与
你认为福临门的原材料库、成品库分别会是什么类型	15	学习者通过活动参与
天津分拨中心背景介绍： 该中心仓库现有仓库面积50000平方米，在建现代化仓库60000平方米，配套设施、设备齐全，其中，中粮DC仓库占用4个库房，共计20000平方米，日均周转量为20000箱，约15车次，项目组配置叉车2台，叉车司机4名，库管2名，信息员1名，调度1名，共10人	15	学习者通过活动参与

(3) 模块三 (2课时): 了解运营的货物 (见表2-3)

表2-3　　模块三的教学过程

教学内容及建议的教学过程	时间(分钟)	教学策略
背景介绍: 仓库管理的主要对象是货物，那么货物的物理及化学特点均会对货物的保管提出具体的要求。简单而言，物品的外形与体积会直接影响到货物保管所占用的空间。另外，货物保管对象可能是固体的，也可能是流体，并具备不同的特点。比如金属制品可能是条状、片状、块状、线状的，同时保管上需要防锈防腐蚀；非金属制品可能是粉状、颗粒状、不规则状；电子器件则会对温度、湿度、静电等有要求；光学元件则需要防污染、防刮伤；食品则主要需要保质、防腐、防尘；化学品则要防挥发、防泄漏；感光材料则需要防光；气体则需要密封处理，同时严格区分有毒还是无毒，对环境是否有损害，继而防止泄漏和对环境的污染；对于液体，很重要的一点也是防渗、防漏处理	5	教学导入活动：激发学习者动机
作为一名新入职的员工，需要了解货物的哪些特点？为什么？你可以自己设计个表格将其特点逐一列出	15	学习者通过活动参与
分析为什么食用油会有如此多的规格	5	学习者通过活动参与
食用油的规格会和仓储及物流活动的哪些方面相关	20	学习者通过活动参与
请对市场上主要的食用油供应商的主要货品价格做调查	15	教学内容呈现
为什么要设置这些仓库，其目的、作用和意义是什么？请讨论与思考后填写中粮福临门供应链仓库设置描述表	15	学习者通过活动参与
请通过资料查询说明一般食品、家电、机械设备、药品、化工产品的存储条件，并汇总成表格	15	学习者通过活动参与

2.4 参考思路

易通物流是我们根据选取的真实的第三方物流企业进行教学化处理而形成的对本门课程进行项目教学的企业载体。该物流公司在全国拥有北京、天津、上海、广州、西安、武汉、沈阳、定州、成都等九家分公司；在石家庄、大连、乌鲁木齐、太原、哈尔滨等地拥有为运输等业务需要提供补充的多家办事处；并在全国各地拥有15处库房，库房总面积接近33000平方米。

部分问题的参考思路如下：

(1) 岗位设置与职责设定（见表2-4）

表2-4 易通物流的岗位设置与职责设定

岗位	岗位职责	主要工作内容	汇报对象
仓储经理	负责新仓库的选址及仓库货物的布局设计； 负责所属库区的全面管理工作； 负责仓储管理方案的优化和监督执行； 负责库区仓库所属人员、装备的管理； 负责仓库管理绩效考核担当	项目投标及仓库管理方案的设计； 仓储工作计划的制订和预算编制； 仓储管理制度的制、修订； 仓库作业异常事件的处理； 仓库日常作业的巡视和指导	分公司经理
仓库管理员	负责货物进出仓库管理与协调； 负责货物的作业品质管理； 负责货物库存的准确性； 负责货物库存实物信息台账； 负责库房及货物的安全性； 负责库房装备的使用维护； 负责所属库房的环境卫生	货物日常进出仓库计划的安排； 货物出、入库及库存台账的制作； 货物定期盘库的组织实施； 定期与信息员核对账实信息；装卸工的作业管理； 库房日常作业成本的填报、统计和控制； 库房每日安全隐患检查	仓储经理、客户经理

续 表

岗位	岗位职责	主要工作内容	汇报对象
仓库理货员	服从仓库管理员的工作安排； 负责库房日常出、入库作业操作； 负责当班出、入库记录信息的填报； 负责当班出、入库货物品质的把控； 负责当班出、入库数量的核对	货物日常入库的接收、码放和出库的备货； 货物出、入库的清点和单据办理； 货物出、入库跺卡信息的填写； 库房定期的货物盘库清点、登记； 库房卫生的清扫整理	仓库管理员
单证信息员	服从仓储经理的工作安排； 负责货物出、入库电子信息的录入和统计； 负责库存电子信息的准确性； 负责信息报送的准确性和及时性	接收客户货物出入计划审核； 货物出、入库单证的打印； 货物出、入库及库存信息报表的制作和准确性检查； 定期与仓库管理员核对账实； 每日库存报表的上报	仓储经理
叉车驾驶员	负责叉车作业的操作； 负责叉车作业的安全控制； 负责出入库数量的核查	货物出、入库的日常叉车作业； 货物出、入库托盘上货物数量的复核； 叉车的日常维护和检修	仓库管理员

（2）请勾画福临门食用油物流过程图（见图2－2）

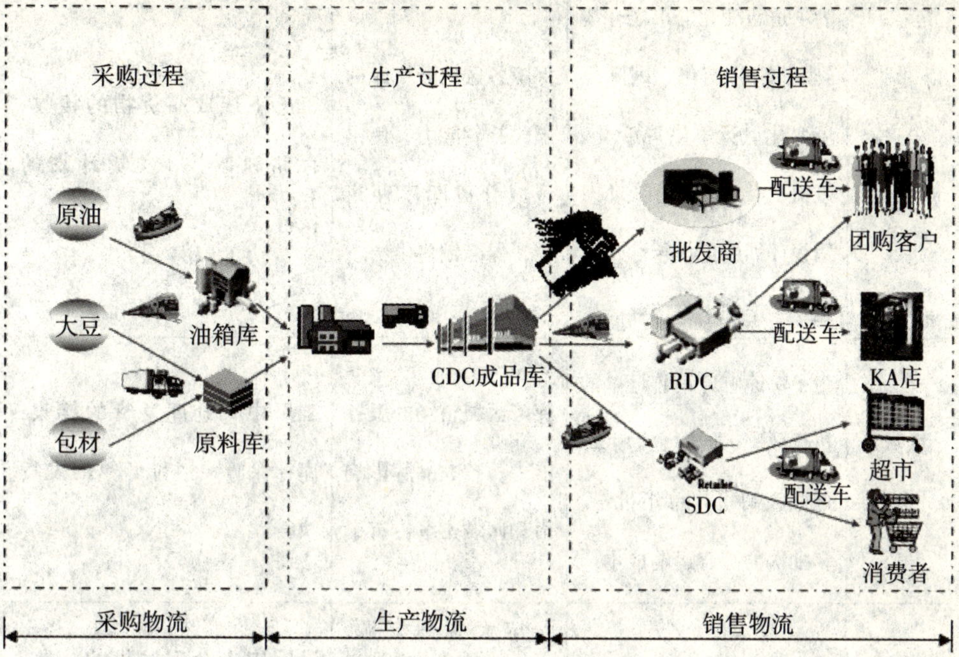

图2－2 福临门食用油物流过程

（3）中粮福临门供应链仓库设置描述表（见表2－5）

表2－5 中粮福临门供应链仓库设置描述

仓库类型	设置原因	作用及意义	功　能
原材料库	避免原材料的供给变化，同时也为了保障生产的节奏性和稳定性	应变期货市场的变化，最大限度地降低采购和生产成本	生产所需物资的接收、存储和上线物资的准备

续 表

仓库类型	设置原因	作用及意义	功　能
中央成品库	为了适应变化的市场环境（季节销售变化、国际环境变化、竞争格局变化、政策变化等）、保障动态销售计划的可执行性，需建立一定的中央库存量	保障各区域分拨库的即时补货能力，使得区域分拨库库存稳定，保障销售供给	工厂下线成品货物的接收、存储和调拨、发货计划的执行
区域分拨库	为了快速响应销售订单的执行效率，同时也为了降低地区销售订单小批量、多批次的综合运输成本	保障区域市场的服务能力，扩大品牌影响力和区域市场占有率	工厂中央仓库发货的接收、库存保障、销售订单的发货执行
经销商专属库	特定区域经销商和大客户的常备库存保障	稳定大客户资源，VIP 客户的服务手段，同时亦为了控制货权和风险	工厂中央仓库发货的接收、库存管理和 VIP 客户要货计划的执行

3 项目二 仓库的运营

3.1 项目分析

本教学项目的基本背景是，学生由一名库管的角色开始在易通物流的职业生涯，需要进行由入库到在库管理以至出库的各项基本工作。

为此，本项目安排了七个教学模块（见图3－1）：

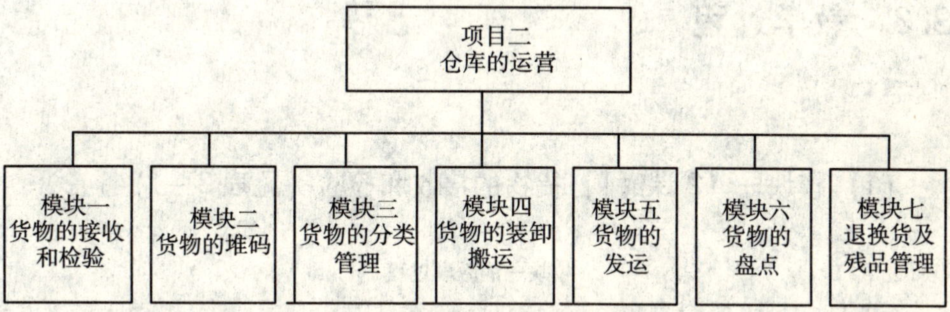

图3－1 项目二所包含的七个教学模块

3.2 教学目标

通过模块一的教学，我们希望学生能够制订入库计划、理解入库表单的含义和重点、充分了解一般货物的验收标准并会制做相关报表。

通过模块二的学习，我们希望学生能够根据货物的特点设计堆码方式、充分发掘库房的可利用区域、提高仓储的空间利用率并能够进行理货、移库的作业。

通过模块三的学习，我们希望学生能够对货物依据一定的标准进行分类，并针对不同的分类制定对应的管理措施。

通过模块四的教学，我们希望学生能够了解仓储活动中搬运的基本过程、搜集装卸搬运信息以及进行搬运过程分析。

通过模块五的学习，我们希望学生能够理解出库表单的含义和重点、能够制作出库表单及其他相关报表。

通过模块六的学习，我们希望学生能够进行账务盘点、实物盘点、账物调整并判断账实不符的原因。

通过模块七的学习，我们希望学生能够了解退换货的作业。

3.3 教学过程

(1) 模块一（2课时）：货物的接收和检验（见表3－1）

表3－1 模块一的教学过程

教学内容及建议的教学过程	时间（分钟）	教学策略
易通公司背景介绍： 位于天津中粮油脂工厂（北海粮油工厂）的分仓和分布于东北、西北大区的沈阳、西安、兰州、成都、乌鲁木齐的中粮油脂的中转仓，每一天都在进行着大量的入、出库工作，为中粮集团的快速扩充和壮大提供了强大的物流支持和保障	5	教学导入活动：激发学习者动机

续 表

教学内容及建议的教学过程	时间（分钟）	教学策略
了解仓库作业环节： 中粮运输专员在每天晚上 20:00 前，将次日的《移库计划》发给易通物流客服经理，(《移库计划》是由中粮运输专员根据 SAP 系统导出并整理的，其信息包括交货单号、发货日期、订单号、物料编码、物料描述、发货数（移库数）、发货批号、发货库（中粮生产厂家的库房）和送达方名称（即为中粮天津 DC）)，再由客服经理根据各级职能部门所需将其信息分类整理后，分别发送给分公司调度、DC 库信息员和库管	10	教学内容呈现
信息员接到指令后，将其录入系统；库管根据《移库计划》调整货位、整理托盘、安排叉车和人员，准备接收货物。调度根据《移库计划》调度相应的车辆（移库车一般为 12.5 米的敞车和 9.6 米高栏或半封闭车，12.5 米敞车装载量为 1500 箱约 30 吨，9.6 米高栏或半封闭装载 1200 箱约 24 吨)，移库车辆从工厂发车后，驻场业务就会第一时间通知库管即将到货的车号、品种、数量及联系方式	10	教学内容呈现
运单、入库单、垛卡分析	20	学习者通过活动参与
入库操作的完整过程	45	学习者通过活动参与

(2) 模块二(2课时):货物的堆码(见表3-2)

表3-2 模块二的教学过程

教学内容及建议的教学过程	时间(分钟)	教学策略
货物在仓库内的存放和堆码方式一般有自身堆码、托盘堆码和货架存放三种方式: ①自身堆码 自身堆码就是将同一种货物,按其形式、质量、数量和性能等特点,码垛成一个个货堆,在货堆与货堆之间留有供人员或搬运设备出入的通道。常见的自身堆码方法有重叠式堆码(板材)、纵横交错式堆码、正反交错式堆码和旋转交错式堆码等。 ②托盘堆码 托盘堆码即将货物码放在托盘上,货物在托盘上的码放方式可采用自身堆码采用的码放形式,然后用叉车将托盘货物一层层堆码起来。对于一些怕挤压或形状不规则的货物,可将货物放在货箱内或带立柱的托盘上。由于这种堆码方式是由货箱或托盘立柱承受货垛的重量,因此这种托盘应具有较高的强度和刚度。 采用托盘堆码时,其堆码和出、入库作业常采用叉车或其他堆垛机械完成。采用桥式堆垛机时,堆垛高度可达8米以上,因此其仓库容积利用率和机械化程度相比自身堆码来说有较大的提高。 ③货架存放 货架存放是指在仓库内设置货架,并将货物或托盘放在货架上。采用货架存放的最大优点为:货物的重量由货架支撑,互相之间不会产生挤压,可实现有选择的取货或实现先入先出的出库原则。总之,货架存放形式为仓库的机械作业和计算机管理提供了必要的条件	5	教学内容呈现

续　表

教学内容及建议的教学过程	时间（分钟）	教学策略
讨论：托盘的标准尺寸是1200毫米×1000毫米。请结合项目一中给出的小包装油的外包装尺寸设计其堆码方式。你设计的堆码方式可以在一个标准托盘放置多少箱呢	15	学习者通过活动参与
重叠式也称直堆法，是逐件、逐层向上重叠堆码，一件压一件的堆码方式。各层码放方式相同，上下对应。这种方式的优点是工人操作速度快，方便作业、计数，包装货物的四个角和边重叠垂直，承载能力大；缺点是各层之间缺少咬合作用，稳定性较差，容易发生塌垛。该方法适用于袋装、箱装、箩筐装物品以及平板、片式物品等。在货物底面积较大的情况下，采用这种方式具有足够的稳定性，如果再配上相应的紧固方式，则不但能保持稳定，还可以保留装卸操作省力的优点	5	教学内容呈现
纵横式是指相邻两层货物的摆放旋转90度，一层横向放置，另一层纵向放置。每层间有一定的咬合效果，但咬合强度不高	5	教学内容呈现
交错式堆码是指同一层中，不同列的货物以90度垂直码放，相邻两层的货物码放形式是另一层旋转180度的形式。这种方式类似于建筑上的砌砖方式，不同层间咬合强度较高，相邻层之间不重缝，因而码放后稳定性较高，但操作较为麻烦，且包装体之间不是垂直面相互承受载荷，所以下部货物容易压坏	5	教学内容呈现
旋转交错式是指第一层相邻的两个包装体互为90度，两层间码放又相差180度，这样相邻两层之间互相咬合交叉，货体的稳定性较高，不易塌垛。其缺点是码放的难度较大，且中间形成空穴，降低托盘的利用效率	5	教学内容呈现

续 表

教学内容及建议的教学过程	时间（分钟）	教学策略
堆码方式的对比与总结	5	教学内容整合
学生根据项目一中的数据分组绘制不同的堆码图谱	45	学习者通过活动参与

（3）模块三（2 课时）：货物的分类管理（见表 3－3）

表 3－3　　模块三的教学过程

教学内容及建议的教学过程	时间（分钟）	教学策略
ABC 分类法介绍： ABC 分类法又称帕累托分析法，它是根据事物在技术或经济方面的主要特征，进行分类排队，分清重点和一般，从而有区别地确定管理方式的一种分析方法。由于它把被分析的对象分成 A、B、C 三类，所以又称为 ABC 分析法	5	教学内容呈现
ABC 分类法步骤： 第一步，计算每一种材料的金额。 第二步，按照金额由大到小排序并列成表格。 第三步，计算每一种材料的金额在库存总金额中所占的比率。 第四步，计算累计比率。 第五步，分类。累计比率在 0%～60% 的，为最重要的 A 类材料；累计比率在 60%～85% 的，为次重要的 B 类材料；累计比率在 85%～100% 的，为不重要的 C 类材料	15	教学内容呈现
给出基础数据，布置学生进行 ABC 分类法的数据测算	25	学习者通过活动参与

续 表

教学内容及建议的教学过程	时间（分钟）	教学策略
ABC 分类法数据测算的讲解	10	教学内容呈现
讨论：分类之后如何制定对应的管理策略	10	教学内容呈现
学生基于分类进行管理策略的制定，例如管理程度、库存量计算、库存量、库存盘点频率、出入记录等	20	学习者通过活动参与
教师总结	5	教学内容整合

（4）模块四（2课时）：货物的装卸搬运（见表3－4）

表3－4　　模块四的教学过程

教学内容及建议的教学过程	时间（分钟）	教学策略
了解装卸作业： 中粮天津 DC 的装卸作业分为堆放作业、分拣配货作业和理货作业三部分 ①堆放作业 堆放作业可以定义为借助某种搬运工具将货物移动或举升到运载设备或周转设备的指定位置，再按要求码放的作业过程，可分为到货卸车、发货装车两部分。工作内容分别为到货卸车：从车上将货物码放到托盘上，再由叉车司机将货物搬运到库房；发货装车：由叉车司机将成托的货物搬运到车上，装卸人员再将货物按照要求码放到车上 ②分拣配货作业 货物发运之前，根据客户指令，将货物按照品种、批次和规格进行分类，再放入备货区域的作业过程	5	教学内容呈现

续 表

教学内容及建议的教学过程	时间（分钟）	教学策略
③理货作业 货物接收或发运完毕后，使货物在进行待检区、成品区和退货残品区之间的相互调整、移动的作业过程		教学内容呈现
了解搬运作业： 中粮天津 DC 的货物搬运作业主要是由机械作业和半机械作业来完成的，机械作业集中于卸车和装车时使用的叉车，共两台叉车和托盘，配备 4 名叉车司机	5	教学内容呈现
装卸搬运作业现场的规范与改善	35	学习者通过活动参与
装卸搬运活性指数的概念： 搬运处于静止状态的物料时，需要考虑搬运作业所必需的人工作业。物料搬运的难易程度称为活性。我们用活性指数来衡量，所费的人工越多，活性就越低；反之，所需的人工越少，活性就越高，但相应的投资费用也越高 散放在地上的物料要运走，需要经过集中、搬起、升起和运走四次作业，其需的人工作业最多，即活性水平最低，因此将其活性系数定为 0	10	教学内容呈现
装卸搬运活性分析练习	35	学习者通过活动参与

(5) 模块五(2课时):货物的发运(见表3-5)

表3-5　模块五的教学过程

教学内容及建议的教学过程	时间(分钟)	教学策略
了解货物的发运流程: 货物的发运是指发货企业按照客户指令,协同运输企业通过一定的运输方式,将货物从发货地运达到目的地的作业过程,包括接收计划、导出打印销售订单、调度车辆和备货、发运作业、信息反馈等	15	教学内容呈现
布置任务: 教师下发模拟订单,要求学生为其进行出货准备	5	教学内容呈现
学生进行任务的模拟完成	30	学习者通过活动参与
播种式与摘果式概念的提出: 一种是针对每一份订单(客户)进行拣货,拣货人员或设备巡回于各个货物之间,将所需的货物取出; 另一种是多个订单(多个客户的要货需求)集合成一批,先把其中每种商品的数量分别汇总,再逐个品种对所有客户进行分货	10	教学内容呈现
播种式与摘果式的对比练习	30	学习者通过活动参与

（6）模块六和模块七（2 课时）：货物的盘点、退换货及残品管理（见表3-6）

表3-6　　模块六和模块七的教学过程

教学内容及建议的教学过程	时间（分钟）	教学策略
讨论：盘点的目的是什么？有人说盘点就是点数，你同意吗	5	学习者通过活动参与
盘点过程的学习： 盘点可简单划分为盘点前培训、盘点作业、数据分析和盘点总结四个步骤	5	教学内容呈现
盘点的方法有哪些	30	学习者通过活动参与
盘点步骤详细介绍： 盘点计划、盘点时间确定、账务处理、人员的安排与培训、盘点的环境准备、盘点表抄写、复查及编号、盘点工具准备、停业通告及厂商通告等	15	教学内容呈现
小组讨论：盘点的差异与对策	15	学习者通过活动参与
货物退换货及残品的类型 货物退换货及残品的处理	15	教学内容呈现

3.4　参考思路（见表3-7）

表3-7　盘点差异对策状况

序号	差异原因	对策参考
1	进货验收错误	进货交叉验收制度、提高验收比例
2	拣选出货错误	自检、复检、制定质量考核体系
3	卡片记录错识	对卡制度、规范卡片填写规范
4	实物盘点错误	差异复盘制度、交叉盘点制度
5	数据录入错误	数据准确率考核、人员培训、对账制度
6	货物丢失被盗	库区安全管理制度、增设安全监控设备
7	报表数据错识	单据日清日结制度、单据归档管理规范
8	盘点方法错误	交叉盘点制度、盲盘制度、盘点培训及考核

4 项目三 仓库成本与绩效

4.1 项目分析

本教学项目的基本背景是，经过两年的仓库运营实践，学生得到了仓储管理的实践经验，得到公司各方认可，被提升为项目经理，具体负责成本核算、KPI 设计以及仓库运营的优化管理。

为此，本项目安排了三个教学模块（见图 4－1）：

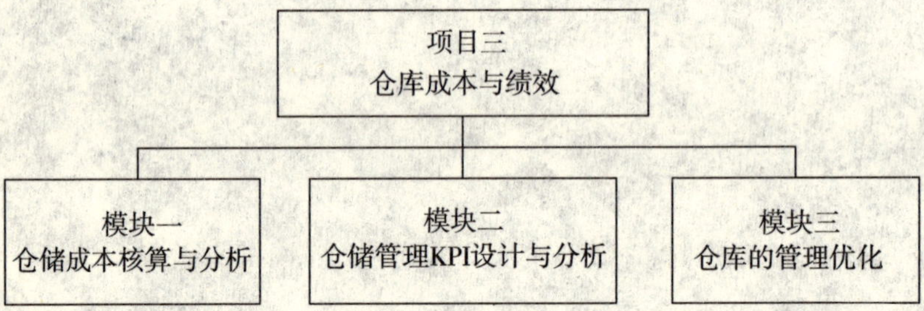

图 4－1 项目三所包含的三个教学模块

4.2 教学目标

通过模块一的教学，我们希望学生能够了解仓储成本的构成，并进行量化；将某项目的成本从仓储整体成本中科学合理地分离出来，从而正确地评价项目；通过数据分析成本，并提出合理的改进意见；对新项目做出合理的测算和报价。

通过模块二的学习，我们希望学生能够了解仓储绩效考核的思路；明确仓储绩效包括哪些方面的内容和指标；计算仓储绩效的基础数据；全面地评价仓库运作的情况，体会准确性、成本、效率之间的矛盾关系；全面地评价员工的绩效。

通过模块三的学习，我们希望学生能够分析仓储项目的管理现状，对仓储管理项目进行系统性优化。

4.3　教学过程

（1）模块一（2课时）：仓储成本核算与分析（见表4－1）

表4－1　　模块一的教学过程

教学内容及建议的教学过程	时间（分钟）	教学策略
讨论：仓库管理的目标是什么？ 实现“六个合适”，一方面代表了物流服务的提供水平，具体到仓储而言，主要是保证货物的质量安全和数量准确；另一方面隐含着对应物流服务提供水平下的物流成本。物流服务水平越高，企业可以获取的收益会越大；物流成本越低，企业可以获取的利润空间也会越大	15	学习者通过活动参与

续 表

教学内容及建议的教学过程	时间（分钟）	教学策略
项目背景了解： 易通物流公司北京分公司共有4个独立的仓库，分别是1号、2号、3号和4号仓库，仓库面积分别为3000平方米、3000平方米、2500平方米和2600平方米，仓库总面积11100平方米。 中粮食品和好丽友货物为食品，分别独立存放，4号仓库为综合性仓库，除中粮食品和好丽友以外的8家客户全部存放在此。4号仓库分为两部分，其中2000平方米为平面仓库、600平方米为立体仓库。4号仓库利用率没有达到100%，除预留的200平方米分拣区域外，另有200平方米空置面积	15	教学内容呈现
成本构成分析： 假设易通物流公司的仓储收入分为仓储租金收入、仓储管理费收入和装卸收入三部分，与仓储收入相比，仓储成本的构成则相对复杂得多。 “钱”都花到哪里去了？——仓储成本的构成。请大家展开讨论或调查，看看仓储管理过程中我们使用和消耗了哪些资源（人、财、物）？“钱”都花到哪里去了	15	学习者通过活动参与
成本的量化处理	10	教学内容呈现
练习测算总体的仓储收入、成本以及项目成本的分摊	35	学习者通过活动参与

(2) 模块二 (2 课时)：仓储管理 KPI 设计与分析 (见表 4 -2)

表 4 -2　　模块二的教学过程

教学内容及建议的教学过程	时间（分钟）	教学策略
讨论：观察一个仓库的运作。 分析什么是仓储组织内部流程的输入？什么是仓储流程的输出？请举例说明	15	学习者通过活动参与
项目背景了解： 合肥分公司租赁仓库 4000 平方米，主要经营中粮在合肥的 RDC，辐射合肥市内及周边城市的配送，货物到达与发出均为公路运输。由于与中粮食品约定的合同面积为 3500 平方米，因此有 500 平方米面积闲置，且没有找到合适的客户。货物部分托盘码放，部分落地码放；大部分货物机械作业出口，少部分靠人力装卸完成。 沈阳分公司为中粮提供驻厂服务，所用仓库 4000 平方米，但仓库租金和仓储资源均由中粮付费，沈阳分公司只负责仓储管理和出入库作业，中粮食品支付沈阳分公司一定的管理费用。由于为工厂服务，所有货物托盘码放、叉车作业，发货量较大，货物周转较快	15	教学内容呈现
仓储绩效考核的一般思路： ①根据考核目的选则考核指标，并确定权重。 ②确定所选考核指标的一般标准。 ③确定被考核对象的考核指标的值。 ④比较被考核对象与一般标准，并制定该考核指标的得分规则，根据权重计算出考核结果	15	教学内容呈现
查阅相关资料，了解常用的仓储绩效考核的指标、考核指标的量化方式并将其归类后填入下表中	10	学习者通过活动参与
请根据以上数据计算出北京、合肥、沈阳分公司的各项指标的值	25	学习者通过活动参与
评价不同分公司的绩效状况	10	整合

（3）模块三（2课时）：仓库的管理优化（见表4－3）

表4－3　　模块三的教学过程

教学内容及建议的教学过程	时间（分钟）	教学策略
项目背景介绍： 北京RDC的日平均发货量5000箱，并由易通物流公司负责配送。其中3000箱配送经销商，2000箱配送超市。易通物流公司于配送前一天接收到配送订单，根据与中粮食品的约定，24小时内将货物配送完毕。为了能在次日完成配送，易通物流公司需要在接收订单当晚进行分拣配货等工作。经销商的最低起运量为500箱，超市的最低起运量为20箱	15	教学内容呈现
运作中的问题： ①月底每次盘库，库存都存在差异。发现差异后很难查找出原因，而且也无法追溯责任人。 ②由于收货、发货、配货各两个人，因此无论哪个岗位一天的工作时间都在12个小时以上。工作时间长，但工作时间内工作断断续续，强度不大。人员很疲惫但不“出活”。当出现差异造成公司损失时，作为管理者看到员工平时没日没夜地工作，又不忍心做出处罚，很是为难。 ③每个岗位只有两个人，别的岗位人员也紧张，且新人较多，新人往往只会自己岗位的工作，如果谁临时有事请假，项目运作有瘫痪的可能。 ④由于仓库库存存在差异，影响到仓储绩效考核中的“人均毛利润”和“仓库盘亏金额”；仓库工作时间长，影响到仓储绩效考核的“出入库速率”。因此绩效考核成绩也较差	15	教学内容呈现

续 表

教学内容及建议的教学过程	时间（分钟）	教学策略
分析北京 RDC 问题的原因： 从组织结构、岗位设置、岗位职责、人员素质及能力、业务流程、绩效考核等方面思考存在问题的原因和解决问题的思路	15	学习者通过活动参与
合肥、西安分公司的管理制度学习	10	学习者通过活动参与
首先考虑在不增加人员的前提下是否可以通过改变人员分工及排班解决问题	25	学习者通过活动参与
思考以上分组的利弊，是否可以解决部分问题。 通过绩效考核指标的设定来进行问题的整体解决	10	整合

4.4 参考思路(见表4－4～表4－8和图4－2～图4－4)

表4－4　收入测算的计算明细

项　目	仓储租金收入费率（元/(月·平方米)）	仓储租金收入（元）	仓储管理收入费率（元/(月·平方米)）	仓储管理收入（元）	装卸收入费率（元/吨）	装卸收入（元）
中粮食品	13	78000	2	12000	8	52000
好丽友	13	32500	2	5000	8	24000
中机联供	13	20800	2	3200	8	22400
普凡生	13	2600	2	400	8	0
龙跃友联	13	1300	2	200	8	800
图新经纬	13	1300	2	200	8	1200

续 表

项 目	仓储租金收入费率（元/（月·平方米））	仓储租金收入（元）	仓储管理收入费率（元/（月·平方米））	仓储管理收入（元）	装卸收入费率（元/吨）	装卸收入（元）
福兰天成	13	1300	2	200	8	1600
珠心算	13	650	2	100	8	2400
邦肯公关	13	650	2	100	8	0
合 计		139100		21400		104400

表 4-5　　收入测算的结果

项 目	金额（元）	备 注
变动成本	64350	
人工成本	30000	
固定成本	126500	
税金	14570	
成本合计	235420	
收入合计	264900	
毛利润	29480	= 收入合计 - 成本合计
毛利率	11. 13%	= 毛利润/收入合计

表 4-6　　各项目的测算总表

	收入（元）	成本（元）	利润（元）	利润率（%）
中粮食品	142000	132193	9807	6. 91
好丽友	61500	53391	8109	13. 19
中机联供	46400	30352	16048	34. 59
珠心算	3150	3128	22	0. 70
福兰天成	3100	2972	128	4. 13

续 表

	收入（元）	成本（元）	利润（元）	利润率（%）
普凡生	3000	2742	258	8.60
图新经纬	2700	2572	128	4.74
龙跃友联	2300	2231	69	3.00
邦肯公关	750	685	65	8.67

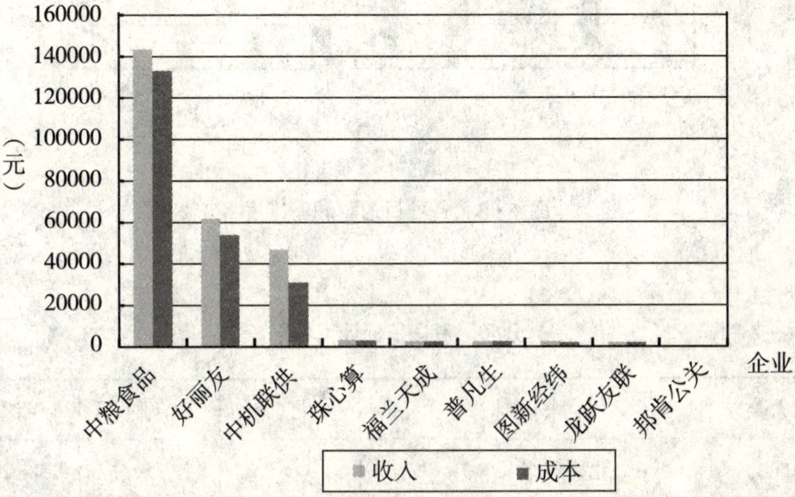

图 4－2　各项目的收入、成本排序

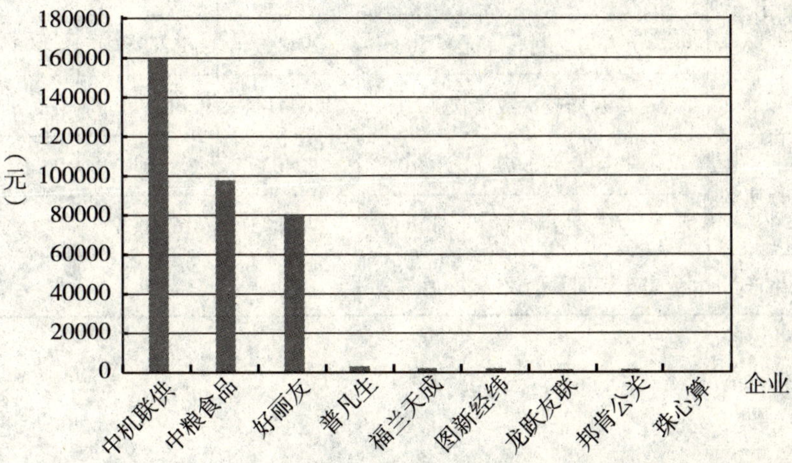

图 4－3　各项目的利润排序

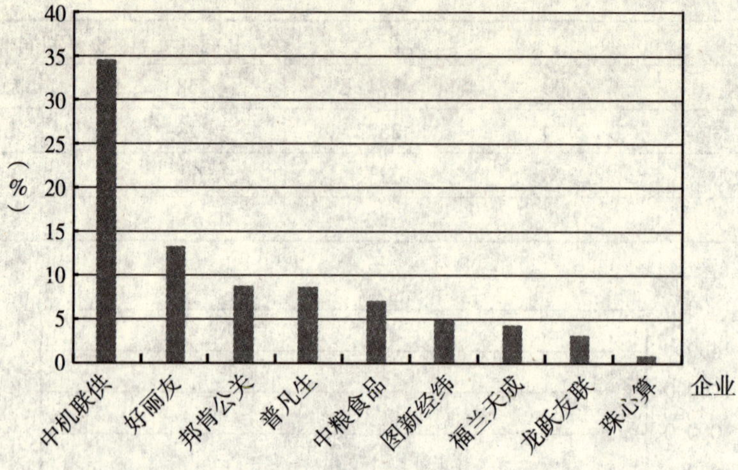

图 4-4 各项目的利润率排序

表 4-7 分公司考核指标计算结果

考核大类	考核指标	北京	合肥	沈阳
赢利能力	毛利润率（%）	11.3	5	20
资源利用率	仓容利用率（%）	96.4	87.5	100
	人均工作量（吨）	1305	571.4286	1800
	人均毛利润（元）	2948.3	642.8571	3500
	库存周转次数（次）	1.644144	1.375	2.857143
客户服务质量	仓库盘亏金额（元）	240	0	400
	出入库速率（吨/小时）	27.1875	16.66667	30
安全生产	安全培训及会议（次/月）	4	5	2

表 4－8　　分公司考核得分计算结果

考核大类	考核指标	北京（分）	合肥（分）	沈阳（分）
赢利能力	毛利润率	11	5	20
资源利用率	仓容利用率	11	3	15
	人均工作量	9.03	5.36	11.50
	人均毛利润	9.24	－2.29	12.00
	库存周转次数	10.96	9.17	19.05
客户服务质量	仓库盘亏金额	3	15	－5
	出入库速率	16.09	10.83	17.50
安全生产	安全培训及会议	20	25	10
总分（分）		90	71	100

5　项目四　仓库的选址与规划

5.1　项目分析

本教学项目的基本背景是，学生进入到了易通物流公司的中层岗位，开始涉及仓库的网络规划、空间布局、设备选型等工作。

为此，本项目安排了三个教学模块（见图5－1）：

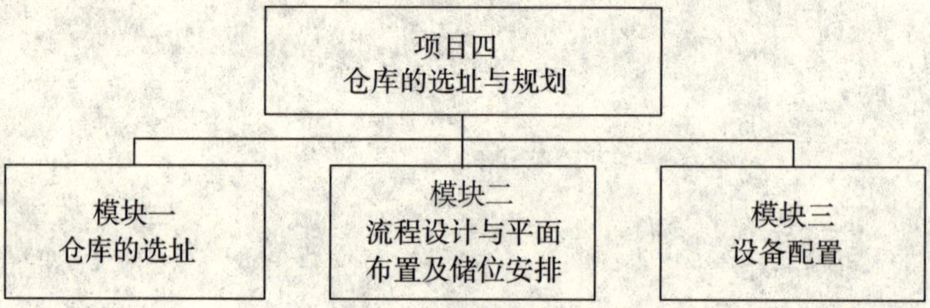

图5－1　项目四所包含的三个教学模块

5.2　教学目标

通过模块一的教学，我们希望学生能够识别仓库选址的考虑因素；搜集和整理仓储选址需要的数据；对比不同仓库数目的物流网络方案；应用“平方根法则”进行库存合并的计算；应用重心法进行单中心的仓库网点选址规划。

通过模块二的学习，我们希望学生能够熟悉第三方物流企业仓储业务的流程；掌握各种面积确定的原则和方法；掌握货物布局的物理、化学特性要求；掌握货物流量布局的要求；掌握活动关联度分析（SLP 分析）；掌握仓库布局优化分析。

通过模块三的学习，我们希望学生能够对比单层平面库、单层立体库、自动化立体仓库的应用条件；对比单层平面库、单层立体库、自动化立体仓库的优、劣势；对比手推车、手动叉车、低位叉车、高位叉车、光机电一体化设备的优、劣势；了解各种货架及托盘的优、劣势及选用标准；了解业务量与各种设备配置的关系及计量方法。

5.3 教学过程

（1）模块一（2 课时）：仓库的选址（见表 5－1）

表 5－1 模块一的教学过程

教学内容及建议的教学过程	时间（分钟）	教学策略
讨论： 你认为评价仓库网点布局合理与否应主要考虑哪些因素	5	学习者通过活动参与
项目背景介绍： 北海粮油对现有的生产、销售以及与之配套服务的物流分拨中心进行内部调研，发现整体物流节点布局较为分散，最主要的是造成大量的库存占用，严重影响了该集团的资金流转，并且各个地区均有分拨中心，业务重合度高、机构臃肿，仓储费用将近 400 万元，整体费用过高，因此决定对现有的仓储布局进行整改。 整改工作由北海粮油物流总监带动，因为涉及各方利益，因此希望将该项目进行整体对外招标，从而借用专业咨询公司的实力对本集团的物流节点布局有一个合理的设置，并且能够对设置后的仓储地址有一个清晰的判断，并给出各个仓库的合理库存数量	5	教学内容呈现

续 表

教学内容及建议的教学过程	时间（分钟）	教学策略
为改变这种现象，请讨论捷润咨询可以提出什么样相对应的整改思路	10	学习者通过活动参与
依据已知的仓库面积数据及年生产加工数量来推算各分拨库的库存情况	10	学习者通过活动参与
平方根法则的学习及应用	15	学习者通过活动参与
重心法介绍	10	教学内容呈现
重心法练习	35	应用

(2) 模块二（2 课时）：流程设计与平面布置及储位安排（见表 5－2）

表 5－2　　　　模块二的教学过程

教学内容及建议的教学过程	时间（分钟）	教学策略
项目背景介绍： 易通物流公司在接到“中粮集团食用油仓储供应商投标”邀请书后，迅速组建了“中粮项目部”筹备小组，由筹备小组负责整体投标过程。这个小组的成员来自于市场部、运作部、财务部以及客服部，对于大宗业务具有多年的运营经验。在对中粮集团华北地区分拨中心库的现状进行调研后，该项目筹备小组的人员奔赴保定，在保定开始对现有的仓储供应设施进行调研	5	教学内容呈现

续 表

教学内容及建议的教学过程	时间（分钟）	教学策略
分析运作流程： 分拨库进货商品的储存分类主要根据货品的不同情况，结合采用以下几种分类方式： 根据商品的大类和存储要求，分为一般货品和残退品存储、分拣区； 根据商品的体积大小划分为大托盘存储拣选区和小托盘存储拣选区； 根据商品的出货量和频次划分 ABC 存储、拣选区。 根据以上的分类原则，商品经过检验后的流向主要有 3 个： 批发类产品和大批量采购的产品流向高位货架区； 小托盘存储商品流向小托盘及普通托盘存储区、拣选区； 大托盘存储商品流向大托盘存储、拣选区	15	教学内容呈现
讨论： 仓库需要划分哪些功能区？各个功能区的面积如何测算	20	学习者通过活动参与
依据已知的仓库面积数据及年生产加工数量来推算各分拨库的库存情况	10	学习者通过活动参与
保定仓库面积约为 5000 平方米，高度为 12 米，整体可分为哪些功能区	10	学习者通过活动参与
相关性分析	30	学习者通过活动参与

（3）模块三（2课时）：设备配置（见表5-3）

表5-3　　模块三的教学过程

教学内容及建议的教学过程	时间（分钟）	教学策略
调查： 国内主要的货架厂商有哪些	5	学习者通过活动参与
主要的货架类型有哪些	15	学习者通过活动参与
请对不同货架类型的特点进行比较	25	学习者通过活动参与
调查： 国内的主要叉车供应商有哪些	10	学习者通过活动参与
请对不同叉车类型的特点进行比较	25	学习者通过活动参与
根据作业量及作业模式，请给出叉车的购置建议	10	学习者通过活动参与

5.4　参考思路

（1）为改变这种现象，捷润咨询提出如下相对应的整改思路

建议对三北地区区域分拨中心进行调整，将各地区仓库按照行政、经济联带关系进行合并。将天津、北京、石家庄、太原、呼和浩特五地库房合并为一个库房；沈阳、哈尔滨、大连三地库房合并为一个库房；西安与兰州距离较近，可以相互支持，两地库房合并为一个库房，保留新疆库房。合并后的库房按照0.4、0.3、0.2、0.1的比例进行面积分配（依据各区合计库房面积配比得出）。

（2）请依据已知的仓库面积数据及年生产加工数量来推算各分拨库的库存情况（见表5－4）

表5－4　　中粮集团北方区成品分拨库面积及库存预估数量

地　区	西安	新疆	兰州	太原	沈阳	大连	哈尔滨	呼和浩特	石家庄	天津	北京	专属	合计
仓库面积（平方米）	2000	2000	1000	2000	2000	1000	1000	1000	1500	2000	2000	2500	20000
仓库比例（%）	10	10	5	10	10	5	5	5	7.5	10	10	12.5	100
库存配比（万吨）	1.5	1.5	0.75	1.5	1.5	0.75	0.75	0.75	1.125	1.5	1.5	1.875	15

如果将11个仓库合并成4个仓库，会给北海粮油的服务水平以及仓储、库存成本带来什么影响？

第一步：11地的平方根值（见表5－5）

表5－5　　11地的平方根值

地　区	西安	新疆	兰州	太原	沈阳	大连	哈尔滨	呼和浩特	石家庄	天津	北京	专属	合计
比例（%）	0.1	0.1	0.05	0.1	0.1	0.05	0.05	0.05	0.08	0.1	0.1	0.13	0.87
平方根值	0.32	0.32	0.22	0.32	0.32	0.22	0.22	0.22	0.27	0.32	0.32	—	3.07

第二步：合并后4地平方根值（见表5－6）

表5－6　　合并后4地平方根值

地　区	华北地区	东北地区	西北地区	新　疆	合　计
面积比例（%）	0.4	0.3	0.2	0.1	1
平方根值	0.63	0.55	0.45	0.32	1.94

第三步：将 11 个仓库改变为 4 个仓库后的减少比例为

$$[(3.07-1.94)/3.07]\times 100\%=36.6\%$$

第四步：改变后的 4 地库房总面积为

$$(20000-2500)\times(1-0.366)=11095\text{（平方米）}$$

第五步：改变后的 4 地库房面积（见表 5－7）

表 5－7　　合并后 4 地库房面积

地　区	华北地区	东北地区	西北地区	新　疆	合　计
面积比例（%）	0.4	0.3	0.2	0.1	1
仓库面积（平方米）	4438	3328.5	2219	1109.5	11095

第六步：各地区库房面积对比（见表 5－8）

表 5－8　　合并后 4 地库房面积对比　　单位：平方米

地　区	华北地区	东北地区	西北地区	新　疆	合　计
原面积	8500	4000	3000	2000	17500
现面积	4438	3328.5	2219	1109.5	11095

第七步：合并后库存数量的变化

合并后，相同条件下库存数量的降低额度为

$$(15-1.875)\times 0.366=4.8\text{（万吨）}$$

(3) 重心法的计算（见表5-9）

表5-9　　华北区5地新址选择计算

节 点	运输总量（吨）	坐标 x_i	$q \times x_i$（吨）	坐标 y_i	$q \times y_i$（吨）
北京	15000	6.5	97500	5	75000
天津	15000	7.5	112500	4.1	61500
石家庄	11250	5.4	60750	2.8	31500
太原	15000	3.8	57000	2.3	34500
呼和浩特	7500	2.5	18750	5.4	40500
合 计	63750	—	346500	—	243000

新的位置坐标如下：$(x, y) = (5.4, 3.8)$。

经过对新址的测算，得出的位置大约位于河北省石家庄的北部。经过对该地区的考察，结合周边情况，最终捷润咨询提出新的物流分拨中心库应该选在保定。这一地区的经济状况、物流状况、交通状况以及仓储供应能力足以支撑该结论以及支持中粮集团物流在五地的扩展。

6 项目五 仓库的安全管理

6.1 项目分析

本教学项目的基本背景是，学生需要对易通公司的仓储安全方面进行相关管理。通过描述仓储运作过程中涉及人身安全的关键操作点，描述仓储作业过程中涉及的货物安全及关键操作点，制定安全现场检查清单等一系列活动对公司安全现状进行调研分析，提供方案。

6.2 教学目标

通过该项目的教学，我们希望学生能够了解人身安全的内容与防范方法；了解货物安全的内容与防范方法；了解设备、消防安全操作的关键安全点。

6.3 教学过程

项目五（2课时）：仓库安全管理（见表6－1）

表6－1 项目五的教学过程

教学内容及建议的教学过程	时间（分钟）	教学策略
讨论： 安全中第一重要的是人身安全，在仓库作业环境里会有哪些人身安全隐患，应如何避免	5	学习者通过活动参与
讨论： 下图中的四种情况可能发生什么样的人身安全事故	10	学习者通过活动参与
讨论： 仓库作业环境下会存在哪些货物安全隐患，应如何避免	10	学习者通过活动参与
注意识别商品包装标识	15	学习者通过活动参与
安全制度设计	25	学习者通过活动参与
检查清单的设计	25	学习者通过活动参与

6.4 参考思路（见表6－2）

表6－2 仓库安全管理检查清单

序号	检查项目、内容或标准	存在问题记录	结果 ×或√
1	制定仓库安全管理目标和对应的实施措施，如奖惩规定等		
2	至少设置2名兼职安全管理员，并制定对应的职责		

续 表

序号	检查项目、内容或标准	存在问题记录	结果×或√
3	对员工，特别是新员工、新岗位进行安全培训，并保存记录		
4	定期进行安全检查，并留存检查、整改记录		
5	上班不准穿拖鞋/凉鞋、赤脚、赤膊、敞衣，按规定佩戴劳保用品		
6	严禁酒后上班，严禁在库内嬉闹，作业要精力集中，杜绝疲劳作业		
7	入仓货物应分堆、分垛摆放整齐，并按规定留出间距：垛与垛，垛与墙，垛与梁、柱，垛的高度和主要通道的宽度等		
8	货物储存与搬运做到防火、防蚀、防倒塌、防撞损、防变形等		
9	栈板上货物过度超长时，应采取必要的防倒措施；出货装车时上轻下重、摆放稳定；货物堆放不得有倾倒的危险		
10	禁止抽烟、使用明火，禁止携带火种和易燃物品进仓库		
11	进入库区的所有机动车辆，必须安装防火罩；各种机动车辆装卸物品后，不准在库区、库房、货场内停放和修理		
12	严禁推叉车在库内奔跑或载人；严禁在行驶中的机动车辆上爬上、跳下		
13	栈板、叉车要定位摆放；仓库、办公区域符合“5S”要求		
14	沿人行通道两边不得有凸出或锐边物品		
15	日光灯和其他防燃型照明灯具应采取隔热、散热等防火保护措施；照明灯具垂直下方并且与储存物品的水平间距不小于0.5米		
16	设置醒目的防火标志；消防器材应当设置在明显和便于取用的地点，周围不准堆放物品和杂物，并指定专人管理，始终处于良好状态；全体员工知道消防设施的分布，会使用消防器材		

续 表

序号	检查项目、内容或标准	存在问题记录	结果×或√
17	库区的车道和仓库的安全出口、疏散楼梯等消防通道，要有明显的划线标识，并严禁堆放物品		
18	安全出口、疏散通道和楼梯口应当设置灯光疏散指示标志		
19	凡发生工伤事故，均要按规定进行报告、调查、处理		
20	严格执行交接班制度，下班前必须切断电源、熄灭火种、清理场地、关好门窗		
21	公司安全巡查、抽查所提出问题应及时改善		
22	其他		
本检查表以后可以作为各单位日常安全管理的标准和培训资料，也可以作为日常安全检查时的依据。			

检查人：__________ 检查日期：__________ 审批人：__________

7　项目六　仓库信息化

7.1　项目分析

本教学项目的基本背景是，易通物流“中粮项目部”配合捷润咨询在作完整体仓储规划布局后，为实现与中粮集团物流信息的实施对接，必须启用信息系统。该公司现有的信息系统不能与中粮集团的要求相匹配，因此启用捷润咨询对该公司的仓库信息管理系统进行规划和选型等工作。

为此，本项目安排了两个教学模块（见图 7 - 1）：

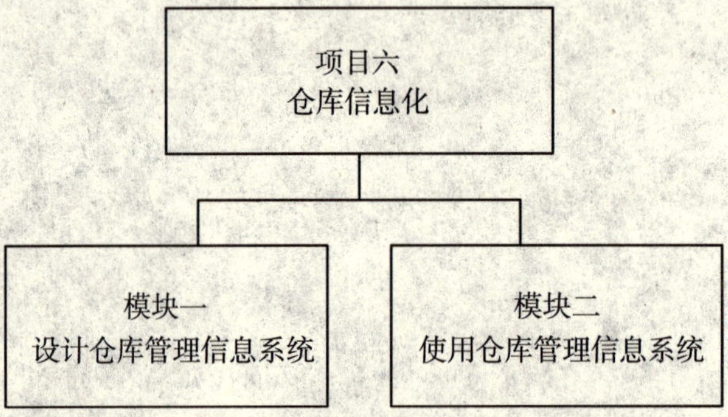

图 7 - 1　项目六所包含的两个教学模块

7.2 教学目标

通过模块一的教学，我们希望学生能够确定仓储信息系统的业务模块；确定仓储信息系统的业务操作点；对仓库信息管理系统进行合理化配置。

通过模块二的学习，我们希望学生能够进行仓储信息系统的基本设置；能够进行仓储信息系统的入库、出库及库存管理等操作。

7.3 教学过程

项目七（2课时）：设计及使用仓库管理信息系统（见表7－1）

表7－1 项目七的教学过程

教学内容及建议的教学过程	时间（分钟）	教学策略
讨论： 仓库管理信息系统需要实现哪些功能？请先列清单，再对其进行归类	5	学习者通过活动参与
请学生描述不同的功能模块应具备什么样的内容	10	学习者通过活动参与
了解背后的数据库	10	学习者通过活动参与
使用信息系统	45	学习者通过活动参与

7.4 参考思路（见表7－2）

表7－2　　系统功能模块设置

功能模块	一级菜单	二级菜单	功能概述	系统入口
仓储管理	入库管理	入库委托	录入入库委托单信息	warehouse/store/order/index. aspx
		入库单打印	打印入库委托单	warehouse/store/bill/index. aspx
		入库验收	逐笔验收入库货物	warehouse/store/verify/index. aspx
		入库记录查询	查询入库操作的历史记录	warehouse/store/history/index. aspx
	出库管理	出库委托	录入货物出库委托单信息	warehouse/retrieve/order/index. aspx
		出库单打印	打印出库委托单	warehouse/retrieve/bill/index. aspx
		出库验收	逐笔验收出库货物	warehouse/retrieve/verify/index. aspx
		出库记录查询	查询出库操作的历史记录	warehouse/retrieve/history/index. aspx
	库存管理	货物移库	货物移库操作	warehouse/inventory/move/index. aspx
		盘库管理	盘查仓库货物	warehouse/inventory/schedule/plan/index. aspx
	仓储综合查询	出入库综合查询	根据权限分配，查看各分公司的记录	warehouse/query/index. aspx
		仓库库存综合查询	根据权限分配，查看各分公司仓库库存信息	warehouse/query/GenInventory_query. aspx
运输管理	运输委托	委托单录入	录入运输委托单	transportation/consignation/consignment_today. aspx
		集货调度	集货调度操作	transportation/goodgather/consignment_query. aspx

续 表

功能模块	一级菜单	二级菜单	功能概述	系统入口
运输管理	运输委托	委托单管理	委托单查询、管理	transportation/consignation/consignment_query. aspx
	运输订单	订单导入	从委托单导入订单	transportation/order/consignment_query. aspx
		订单录入	录入订单信息	transportation/order/order_today. aspx
		订单管理	订单查询、管理	transportation/order/order_query. aspx
	运输调度	调度运单	城际调度、形成运单	transportation/distribution/order_query. aspx
		调度路单	自有车辆路单操作	transportation/distribution/waybill_list. aspx
		运单管理	运单查询、管理	transportation/distribution/transcard_query. aspx
		路单管理	路单查询、管理	transportation/distribution/roadcard_query. aspx
	运输监控	在途跟踪	监控在途运输中的货物	transportation/monitor/transport_monitor. aspx
		跟踪记录查询	查询监控历史记录	transportation/monitor/TransCard_query. aspx
	单据核销	签单处理	运单遣返操作	transportation/handover/freight_list. aspx
		路单核销	路单核销操作	transportation/handover/RouteBill_list. aspx

续 表

<table>
<tr><th>功能模块</th><th>一级菜单</th><th>二级菜单</th><th>功能概述</th><th>系统入口</th></tr>
<tr><td>运输管理</td><td>运输综合查询</td><td>分公司综合查询</td><td>根据权限分配，查看各分公司的运输记录</td><td>transportation/query/General_query.aspx</td></tr>
<tr><td rowspan="2">异常管理</td><td rowspan="2">异常管理</td><td>异常信息处理</td><td>业务中发生异常情况的记录</td><td>except/action/index. aspx</td></tr>
<tr><td>文本信息维护</td><td>其他一些异常信息记录查询</td><td>except/infobase/index. aspx</td></tr>
<tr><td rowspan="4">客户管理</td><td rowspan="4">客户管理</td><td>基本信息</td><td>客户信息维护</td><td>customer/info/index. aspx</td></tr>
<tr><td>发货单位</td><td>客户的发货单位信息维护</td><td>customer/supplier/index. aspx</td></tr>
<tr><td>收货单位</td><td>客户的收货单位信息维护</td><td>customer/receiver/index. aspx</td></tr>
<tr><td>货物字典</td><td>客户的货物字典信息维护</td><td>customer/product/index. aspx</td></tr>
<tr><td rowspan="4">资源管理</td><td rowspan="2">资源管理</td><td>仓储供应商管理</td><td>仓储供应商信息维护</td><td>resource/supplier/warehouse/index.aspx</td></tr>
<tr><td>承运商管理</td><td>运输承运商信息维护</td><td>resource/supplier/agency/agency_list. aspx</td></tr>
<tr><td rowspan="2">商业资源管理</td><td>车辆信息管理</td><td>自有车辆、承运商车辆信息维护</td><td>vehicle/manage/vehicle_list. aspx</td></tr>
<tr><td>仓库/货位信息管理</td><td>维护仓库、货位信息</td><td>resource/warehouse/index. aspx</td></tr>
<tr><td rowspan="4">结算管理</td><td rowspan="2">应收款查询</td><td>仓储应收款</td><td>仓储应收费用管理</td><td>finance/ar/warehouse/index. aspx</td></tr>
<tr><td>运输应收款</td><td>运输应收费用管理</td><td>finance/ar/Transport/Order_query.aspx</td></tr>
<tr><td rowspan="2">应付款查询</td><td>仓储应付款</td><td>仓储应付费用管理</td><td>finance/ap/warehouse/index. aspx</td></tr>
<tr><td>运输应付款</td><td>运输应付费用管理</td><td>finance/ap/transport/freight_query.aspx</td></tr>
</table>

续 表

功能模块	一级菜单	二级菜单	功能概述	系统入口
系统管理	系统管理	分支机构管理	公司分支机构管理	sysAdmin/Organ/OrganIndex. aspx
		系统角色管理	系统角色、权限管理	sysAdmin/role/index. aspx
		系统用户管理	系统用户、权限管理	sysAdmin/Account/AccountIndex. aspx
		项目管理	项目信息维护	sysAdmin/project/index. aspx
		基本参数配置	配置系统的基础参数	sysAdmin/vars/index. aspx

8　项目七　仓库业务开发

8.1　项目分析

本教学项目的基本背景是，易通物流对食用油产品的操作不仅仅得到了中粮集团的认可，同时在该行业也具有了一定的知名度。知名的业内快消品公司 UFD 公司在了解到易通物流的服务水平和服务能力后，在中粮项目运作一年后，也向易通物流发出了仓储供应商招标邀请函。为此，需要学生进行仓储业务开发方面的工作。

为此，本项目安排了三个教学模块（见图 8－1）：

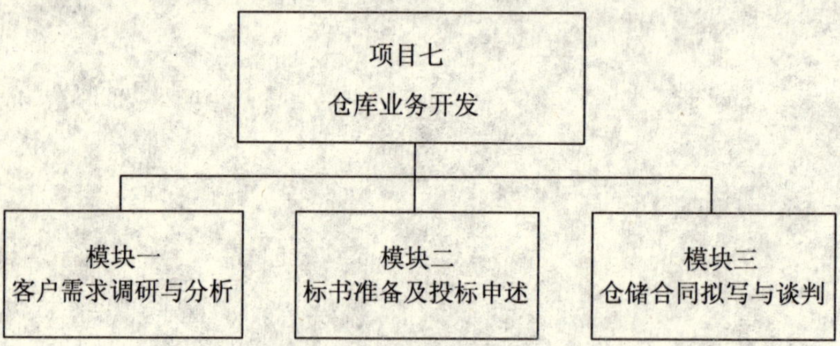

图 8－1　项目七所包含的三个教学模块

8.2　教学目标

通过模块一的教学，我们希望学生能够掌握内部、外部调研的内容，并制作调研方案；根据调研结果，进行绩效评估和相对绩效评估；熟练编写市场调研分析报告。

通过模块二的学习，我们希望学生能够了解商务标、技术标的内容以及编写重点；熟知仓储服务的关键要点；熟练掌握各种仓储租赁方法和费用折算方法；可以进行投标标书的制作和内容编写；能够进行条理清晰的投标申述并答疑。

通过模块三的学习，我们希望学生能够了解仓储服务合同的重点；甲乙双方责权条款清晰，各条款覆盖全面；能够对仓储合同格式进行有效编辑；掌握基本的谈判方法和手段，能够有效控制谈判进度。

8.3　教学过程

（1）模块一（2 课时）：客户需求调研与分析（见表 8－1）

表 8－1　　模块一的教学过程

教学内容及建议的教学过程	时间（分钟）	教学策略
讨论： 设计调查方法	20	学习者通过活动参与
设计调研计划	25	学习者通过活动参与
实施调研	15	学习者通过活动参与
调研结果分析	30	学习者通过活动参与

(2) 模块二 (2 课时)：标书准备及投标申述 (见表 8 -2)

表 8 -2　　模块二的教学过程

教学内容及建议的教学过程	时间（分钟）	教学策略
招标文件解读	10	学习者通过活动参与
设计投标书	35	学习者通过活动参与
进行小组演示与汇报	35	学习者通过活动参与
教师点评	10	整合

(3) 模块三 (2 课时)：仓储合同拟写与谈判 (见表 8 -3)

表 8 -3　　模块三的教学过程

教学内容及建议的教学过程	时间（分钟）	教学策略
规范合同文本条款的解读	25	教学内容呈现
布置学生谈判背景与任务	10	学习者通过活动参与
模拟谈判	10	学习者通过活动参与
模拟谈判并签署协议	35	学习者通过活动参与
教师点评	10	整合

8.4 参考思路

投标函

UFD 百货有限公司：

根据贵公司招标要求，根据我们现有的条件、优势及实力，经详细研究，决定参加贵公司 2007 年度物流招标并投标。为此，我方谨郑重声明以下诸点，并对之承担法律责任。

1. 愿意按照贵公司投标文件的一切要求，提供仓储、配送服务。

2. 如果我们的投标书被接受，我们将履行招标文件中规定的每一项要求，按期、优质的履行双方签订的合同。

3. 我们将以我们的综合服务降低贵公司的综合成本。

4. 我们优质的服务、安全可靠的保证，不仅代表我们企业的形象，更代表贵公司的形象。

投标单位：北京诚尚仓储有限公司

二〇〇六年十一月

附录 Y企业仓库建设方案

1 前言和总则

为进一步满足业务发展的需要，支撑企业低成本、高效率运营，Y公司正着手进行两级仓储物流体系的建设，即建立大区和省的两级集中仓储中心，以加强物资仓储的集中管理，推进干线运输的集中运营和区域配送的集成一体化运作，推进建设统一规划的物流信息支持系统，逐步建设与两级集中采购体制相适应的、由总部和各省统筹协调运作的采购物流一体化供应链体系。

1.1 指导原则

（1）全面提升Y公司省内集中仓储物流中心的生产能力、运营效率和管理水平，创造高效率、低成本运营的省内集中仓储物流中心的生产条件。

（2）贯彻Y公司集团公司提出的“集中化、标准化、信息化”的建设原则，最大程度地实现省内集中仓储物流中心的集中化、精细化生产和管理。

（3）贯彻现代仓储物流的先进理念，提高仓储物流流程的规范化、标准化程度。

（4）建设应符合地方仓储物流发展的整体思路和规划要求，并应注重节能、环保。

（5）建设应注重提高经济效益，以总成本最低原则选择省内集中仓库自建、购置、租赁的建设方式。

1.2　编制依据

（1）《Y公司仓储物流体系建设规划》。

（2）《Y公司省内物流发展规划》（2009—2011年）。

（3）省内调研、勘察收集到的基础资料。

（4）国家及行业部门制定的仓储物流建设方面的相关规定、规范、标准等。

1.3　编制的主要内容

本规范编制的主要内容包括：省内集中仓储物流中心自建的原则、中心的选址征地、中心仓库的建设形式及建设规模的确定、仓库的布局、仓储物流容器标准及主要工艺设备的配置、仓库土建建设要求及仓库外观建筑示意图、工艺布局示意图。

1.4　适用范围

本规范适用于自建的省内集中仓储物流中心，购买和租赁仓库可参考执行。

2 建设省内集中仓储物流中心的实现方式

省内集中仓储物流中心应根据需要和当地实际情况，采取“租赁、购买和自建”相结合、多种方式实现。具体方式的选择应遵循以下原则：

(1) 根据集中仓储物流中心的需求，结合本省物流发展状况和社会物流资源水平，在社会租赁资源能够满足需求的情况下，应尽可能采取租赁方式。

(2) 确实因为社会租赁资源不能满足需求，考虑购买或自行建设方式时，应用科学方法从投资效益比的角度进行量化比较分析。

(3) 省内集中仓储物流中心的建设要与省内物流发展规划相一致，原则上全省集中仓储中心以下的零散仓储点应采用租赁的方式，并逐步取消县公司物流仓库。

(4) 省内自建的集中仓储中心的投资计划在省公司年度资本开支计划中集中统筹考虑。

3 集中仓储中心的选址

3.1 选址原则

(1) 应优先在交通便利、电力供应充足等基础设施条件较好的城市开发新区、物流园区、城郊或城市边缘地带选址，不宜选在市中心、商业区等繁华地区。

（2）应满足Y公司物流规划发展要求，并结合水文、地质、地震、交通、城市规划、投资效益等因素综合比较选定。

（3）占地面积要满足业务发展的需要，并与当地的城市规划相协调，局址选择时应节约用地，不占或少占农田、少迁民房。

（4）应避开具有开采价值的矿藏区，对飞机起落、电台通信、雷达导航等具有影响的范围，国家规定的风景区及历史文物保护区。

（5）应考虑选址征地的土地价格，保证征地地块未来有较好的价值空间，考虑物流征地地块地质条件对土建施工成本的影响，考虑一次性购买土地价格成本与运输费用的平衡等。

（6）选址应考虑员工上下班交通的便利性。

3.2　经济、自然环境

（1）以公路运输为主的仓库应靠近城市公路干线，方便大吨位汽车进出接收、发送物品。

（2）库区应设于地势较高且地形平缓的地段。

（3）库区地下常年平均水位宜在2米以下，冬季最高水位不宜高于土壤冻结深度，因条件限制仓库在地下水位较高地段建造时，应采取相应的防水防潮措施。

（4）局址不应选择在易受洪水淹灌的地区。如无法避开时，可选在基地高程高于要求的计算洪水水位0.5米以上的地方。

（5）下列地质条件的地区不宜建仓库：

- 地震基本烈度高于8度的地区，不宜建大型仓库
- 易发生泥石流的地区

• 较厚的三级自重湿陷黄土、新近堆积黄土、一级膨胀土等工程地质恶劣地区

• 沟谷内宽度小于100米或纵横坡均较大的沟谷

（6）库房宜选址于基础地质条件比较坚固的地方，如岩石层等硬土层地基，不适合选址于河流冲击形成带、农田、湿地等软土层基础。

（7）征地应尽量避免方块和不规则地块，宜选择近似矩形地块，以提高地块物流工艺利用水平，缩短物流工艺路径。

（8）征地应尽量避免物流用地内可能存在的建筑物拆迁而影响仓储物流中心建设的进度。

（9）征地应保证没有公用道路横穿物流用地地块。

4　仓库建设形式及规模

4.1　建设原则

（1）仓库建设应符合总部关于两级仓储物流体系建设的基本要求，满足生产业务需要，引进现代化企业管理理念，创造高效率、低成本运营的作业条件。

（2）省内集中仓储物流中心建设应遵循“先工艺，后土建”的原则。

（3）省内集中仓储物流中心建设工艺设计包括数据分析阶段（应明确设计需求：如设计年限、库存物资清单、库存量、吞吐能力、仓库内物料作业能力等）、概念方案设计阶段（各种物流存储、搬运的作业手段、平面布局方案、物料动线、设备的初步选型等）、细部设计方案阶段（仓库内各作业

区域的细化设计、设备的技术规格、设备需求数量、作业流程、对软件的需求等）。

（4）充分考虑未来Y公司仓储物流的发展趋势，建设应满足近、远期的仓储需求，做到统筹规划、合理布局，有效提高土地利用率及库容利用率，提高投资效益。

（5）省内集中仓储物流中心在规划建设时，应将仓库、生产辅助用房、配套附属用房、货场及停车场、预留发展用地等统筹考虑。

4.2　仓库建设形式

4.2.1　仓库建设形式

仓库建设形式通常分为单层平面库、多层仓库、单层普通高货架库、自动化立体仓库等。

4.2.2　仓库建设形式的确定

（1）仓库的建设形式应根据征地规模、业务需求所决定的仓储面积、仓库的储存形式及所采用仓储设备的类型等因素综合确定。

（2）对于征地容易、征地费用较低、征地面积较大的地区，可建设大开间大进深的单层普通高架仓库。

（3）对于征地困难、征地费用较高、征地面积较小的地区，可建设多层仓库、自动化立体仓库加局部多层的仓库，但多层仓库一般不应超过两层。

（4）单栋库房的建设应根据征地面积、库房建设规模需求、建筑消防、仓储物流搬运距离及园区内的其他设施规划等因素综合确定。原则上单栋库房的建筑面积不宜超过 12000 平方米，如仓储建设规模总需求较大时，应在园区内建设多栋单体库房，并与园区内的生产管理用房、配套辅助用房等形成一组建筑群体。

4.3 仓库建设规模的确定

仓库建设规模应按满足工程投产后 5～10 年的仓储业务发展需求预测量进行确定。

4.3.1 确定方法一

仓储面积应根据工程满足设计年限的各类物资的年吞吐量，物资年均周转率，各类物资的外包装尺寸、重量、数量，物资的存储方式，储位单元的形式、储位单元的尺寸和储位空间，仓库的峰值系数以及仓储有效面积利用率等因素综合取定。

储位单元数量的确定是决定仓储面积规模的一个重要因素。根据货物在储位单元（如托盘）上的摆放形式，得出每储位单元（托盘）可以承载的货物尺寸、重量和数量，再根据设计年限内货物的总体积、总重量和总数量折算出当量储位单元数（托盘数），予以适当修正后得出较合理的储位单元数（托盘数）。

4.3.2 确定方法二

物资仓库的建设规模应根据所存物资的种类、仓库内物资的年吞吐量、仓库物资的年周转率、仓库储存物资的地坪负荷、地坪负荷的利用系数及仓库的建筑面积利用系数、库房可使用面积利用系数综合取定。

物资仓库的仓储净面积根据下列公式取定：

$$库房仓储净面积 = Qc/（2\times N\times L\times r）$$

式中：Qc——库房年吞吐量（吨）；

N——库存物资的年周转率（次/年）；

L——地坪负荷（吨/平方米）；

r——地坪负荷利用系数，一般可取0.4左右。

根据库房仓储的净需求面积，按以下公式计算出库房实际需要建筑面积：

$$库房建筑面积 = 库房仓储净面积/（\beta\times\rho）$$

式中：β——建筑面积利用系数，为库房面积减去外墙、内柱、间隔墙、管理用房、工具间等固定设施后所剩余的面积，一般可取0.9左右；

ρ——库房可使用面积利用系数，为建筑使用面积减去必要的通道、门距、柱距、墙距、进行检验、备货等辅助面积后所剩余的面积，一般可取0.7左右。

根据以上计算公式，结合Y公司物资仓库的分类、各类物资的年吞吐量、库存物资的年周转率、地坪负荷等取定各类物资的建设规模。对于单层和多层仓库一层的库存区的地坪负荷可取3.5吨/平方米，对于多层仓库的二层楼面负荷可取1吨/平方米。

5 仓库布局

5.1 布局原则

（1）根据 Y 公司公司物资仓库所存物资的统计资料，存储物资大多数属于丙、丁类物资，故仓储库房的建设应以丙、丁类库房为建设标准。

（2）物流工艺的总体布局应合理，工艺流程应顺畅，工序间衔接便捷。物流流程安排上应考虑简化作业手续，减少处理环节，以提高生产效率。

（3）物流工艺建设应统一规划、分期实施，并为远期的扩容和更新改造创造条件。同时，工艺流程的安排应有较强的应变能力和适应能力，以适应物资品种和物流量扩大的仓储需求。

5.2 仓库布局

5.2.1 集中仓储物流中心作业区域的划分

集中仓储物流中心作业区域主要由接收卸货验收区、储存保管区、理货拣选区、配货发运区、流通加工区、办公管理区等组成。

（1）接收卸货验收区

在该区域里主要完成货品到达物资仓储配送中心后的卸货、清点、检验、分类、入库等工作，通常设置在储存场所的外围，靠内侧还规划有暂存、分类及验收区域及相应的设施。

（2）储存区

储存区是专门用于存放货品的区域，在该区域主要完成货品的储存保管和养护作业。货品在该区域里一般存放的时间相对较长，是一个相对静态的区域，储存区域所占面积的大小与物资仓储配送中心的经济功能和运作特点有关，储存型物资仓储配送中心一般储存区域较大，可以占到整个中心总面积的50%以上，而流通型物资仓储配送中心的储存区域所占的面积则相对少一些。

储存区可以按照物资的体积、重量及大小、库存周期长短、入出库频率高低等因素综合考虑，分类分区存放。存储一般选用自动化立体仓库、普通高架托盘横梁式货架、阁楼式搁板货架、流力货架、悬臂式货架等存储设备。

（3）理货拣货区

理货拣货区主要进行货品的分拣及分拣出来后的配货与配装作业，并将配好的货暂时存放，为送货作准备。理货拣货区域的面积大小也随物资仓储配送中心的运作模式和基本功能而有较大的变化，通常流通型、转运型物资仓储配送中心，或者多用户、多品种、少批量、多批次物资仓储配送中心，其分货、配货频繁，作业量大，理货拣货区的面积也相对较大。

理货拣货区可以根据作业频率和特性，选择其相应的物流作业设备，例如叉车、有轨巷道堆垛机、托盘输送机（系统）、箱输送系统、分拣系统、电子标签、无线射频终端等，以提高拣货和理货的处理效率和信息化水平。

（4）补货区

补货区主要负责对批量出库的货物进行拣选作业时，如果拣选区内的存货低于设定的标准，作业人员需要从货物的储存区取货补充到拣选区域的作业所占用的区域。

（5）发运区

发运区的作用主要是将准备好的货品装入外运车辆发出，其结构与卸货区类似，在收发货不太频繁的物资仓储配送中心，发运区与卸货区可共用一个区域。

（6）流通加工区

带有流通加工功能的物资仓储配送中心还设置有加工区域，在该区域进行货品的分装、切裁、混装、包装、组装、贴签等流通加工作业。

（7）办公管理区

包括处理营业事务和内部生产指挥管理的区域。

如果对集中仓储物流中心进行更为详细的功能区域划分，一般将集中仓储物流中心分为仓储物流中心主作业区域，它们由一般性物流作业区、退货物流作业区、换货补货作业区、流通加工作业区、物流配合作业区、仓储管理作业区组成，集中仓储物流中心周边辅助作业活动区，它们由仓库使用配合作业区、办公事务区、计算机作业区、劳务性活动区、厂区相关活动区组成。集中仓储物流中心主作业区域功能规划分析见附表1。

附表1　　集中仓储物流中心作业区域功能规划分析

作业类别	作业项目	作业性质	区域划分
	1. 车辆进货	货物由车辆送入中心并停靠于卸货区域	进货口、进发货口
	2. 进货卸载	货物由运输车辆卸下	卸货站台、装卸货站台
	3. 进货点收	进货物品清点数量和品检	进货暂存区、理货区
	4. 理货	进货物品拆柜、拆箱或堆栈以便入库	进货暂存区、理货区
一般物流作业	5. 入库	物品搬运送入仓储设备区域储存	库存区、拣货区
	6. 调拨补充	配合拣取作业把物品移至拣货区或调整储存位置	库存区、补货区
	7. 订单拣取	依据订单内容与数量拣取发货物品	库存区、拣货区、散装拣货区
	8. 分类	在批次拣取作业下依客户要求将物品分类输送	分类区、拣货区

续 表

作业类别	作业项目	作业性质	区域划分
一般物流作业	9. 集货	在订单分割拣取之后集中配送货物	分类区、集货区、发货暂存区
	10. 流通加工	根据客户需求另行处理的流通加工作业	分类区、集货区、流通加工作业区
	11. 品检	检查发货物品品质或做数量清点	集货区、发货暂存区、流通加工作业区
	12. 发货点收	确认发货物品品项、数量正确性	集货区、发货暂存区
	13. 发货装载	发货物品装载至运输配送车辆	装货站台、装卸货站台
	14. 货物运送	车辆离开物资仓储配送中心进行配送	发货口、进发货口
退货物流作业	1. 退货	客户退回物品至物流中心	进货口、退货卸货区
	2. 退货卸货	退回物品自装运车辆卸下	卸货站台、退卸货站台
	3. 退货点收	退货物品之品项、数量清点	退货卸货区、退货处理区
	4. 退货责任确认	退货原因与物品可用程度确认	退货处理区、办公区
	5. 退货良品处理	退货中属于良品的处理作业	退货良品暂存区、退回处理区
	6. 退货瑕疵品处理	退货中有暇疵但仍可用的物品处理作业	瑕疵品暂存区、退货处理区
	7. 退货废品处理	退货中属于报废品的处理作业	退货处理区、废品暂存区
换货补货作业	1. 退货后换货作业	客户退货后仍换货或补货的处理作业	办公区
	2. 误差责任确认	物品配送至客户产生误差短少情形的处理	办公区
	3. 零星补货拣取	对于订单少量需求或零星补货的拣取作业	散装拣货区、拣货区

续 表

作业类别	作业项目	作业性质	区域划分
换货补货作业	4. 零星补货包装	对于订单少量需求或零星补货所需另行包装的运送作业	流通加工作业区、散装拣货区
	5. 零星补货运送	对于订单少量需求或另行补货所需另行配送的运送作业	发货暂存区、装货站台
流通加工作业	1. 拆箱作业	根据单品拣货需求的拆箱、割箱作业	流通加工作业区、散装拣货区
	2. 裹包	根据客户需求将物品另行裹包	流通加工作业区、集货区
	3. 多种物品集包	根据客户需求将数件数种物品集成小包装	流通加工作业区、集货区
	4. 外部外箱包装	根据运输配送需求将物品装箱或以其他方式外部包装	流通加工作业区、集货区
	5. 发货物品称重	根据运输配送需求或运费计算时所需的发货物品称重作业	流通加工作业区、发货暂存区、称重作业区
	6. 附印条码文字	根据客户需求在发货物品外箱或外包装物印制有关条码文字	流通加工作业区、分类区
	7. 印贴标签	根据客户需求印制条码文字标签并贴附在物品外部	流通加工作业区、分类区
物流配合作业	1. 车辆货物出入管理	进货或发货车辆出入物流中心的管制作业	厂区大门
	2. 装卸车辆停泊	进发货车辆在没有装卸载码头可用时临时停车与回车的作业	运输车辆停车场、一般停车场
	3. 容器回收	配合储运箱或托盘等容器流通使用作业	卸货站台、理货区、容器回收区

续　表

作业类别	作业项目	作业性质	区域划分
物流配合作业	4. 空容器暂存	空置容器暂存及存取使用作业	容器暂存区、容器储存区
	5. 废料回收处理	拣取配送与流通加工过程产生废料、空纸箱的处理	废料暂存区、废料处理区
仓储管理作业	1. 定期盘点	定期对整个物流中心物品盘点	库存区、拣货区、散装拣货区
	2. 不定期抽盘	不定期依物品种类轮流抽盘	库存区
	3. 到期物品处理	针对已超过使用期限物品所作的处理作业	库存区、废品暂存区
	4. 即将到期物品处理	针对即将到期物品所作的分类标示或处理作业	库存区
	5. 移仓与储位调整	配合需求变动与品项变化调整仓储区域与储位分配	库存区、调拨仓储区

5.2.2　仓库主要区域面积的确定

在规划空间时，首先根据作业流量、作业活动特性、设备型号、建筑物特性、成本和效率等因素，确定满足作业要求的空间大小、长度、宽度和高度。其次通过对各区域的分析，估计各区域的面积，根据各部门区域性质不同，要求作业空间的标准也不同。最后根据整个物资仓库的实际和发展情况作适当调整。在规划作业空间时，除了估计设备的基本使用面积外，还要估计操作、活动、物料暂存作业空间和通道面积等。

（1）通道空间的布置规划

在规划布置物资仓库时应首先设计通道位置和宽度。影响通道位置和宽度的因素有：通道形式、搬运设备的型号、尺寸、能力和转弯半径、储存货物尺寸、进出口到装卸区的距离、储存的批量尺寸、防火墙位置、仓储货架的行列空间、服务区和设备的位置、地板负载能力、货梯和斜坡道的位置以及进出仓库的方便性等。

物资仓库内的通道有如下几种：

①工作通道：物资仓储作业和出入仓库作业的通道，其中包括主通道和辅助通道。主通道连接仓库的进出口和各作业区，通道最宽；辅助通道连接主通道和各作业区内的通道，一般是平行或垂直于主通道。

②员工进出特殊区域的人行道。

③电梯通道：出入电梯的通道，距主通道 3 米 ~4.5 米。

④其他各种性质的通道。

物资仓储配送仓库内的通道宽度参考值见附表 2。

附表 2　　物资仓库内通道宽度参考

通道种类或用途	通道宽度
仓库内的中枢主通道	3.5 米 ~6 米
辅助通道	3 米
人行通道	1 米 ~1.5 米
小型台车通道（人员可在周围走动）	车宽加 0.8 米 ~1 米
手动叉车通道	1.5 米 ~2.5 米（视载重而定）
电动叉车通道	3 米 ~4 米

（2）进出货区的作业空间规划

货物在进货时可能需要拆装、理货、检查或暂存以待车辆装载配送。为此在进出货站台上应留出空间作为缓冲区。为了使站台与车辆高度能满足装卸货的顺利进行，进出货站台需要连接设备。装卸站台分内、外两种形式，新建物资仓库宜采用内装卸站台，如采用外装卸站台，则宽度宜为 4 米 ~5 米，站台高度宜为 1.2 米 ~1.3 米。站台装卸车位的确定应根据高峰时段的装卸车次及装卸货所需要的时间、仓库的扩建需要等综合确定。物资仓库站台大门的尺寸应根据物流工艺要求的进出库装卸、搬运的车辆和设备的外廓尺寸综合取定。

如果运输物资的车辆大部分为大型货车，可在装卸站台设置部分升降调节平台，使得叉车或人工操作搬运车辆能进入货车车厢内搬运，以提高搬运效率。

（3）仓储区的作业空间规划

在选择储区位置时应遵循的基本原则是：根据货物的特性选择储区。出库频率高、出库批量大、库存周期小于或接近半个周期的物资选择平面放置或叉车货架区存放；出库频率很低、出库量很少、还需要拆零的物资储于远储区；出库需要拆零的物资储于搁板式货架或流力式货架；相同和相似货物尽可能靠近储存；周转率低的货物储于远离进货、发货区及仓库较高区；周转率高的货物储于接近发货区及低储位。

在规划储区空间时应考虑如下因素：仓储区的储运量，货品的尺寸和数量，托盘的尺寸和货架空间，设备的型号、尺寸和能力，通道的宽度、位置和需要的空间，柱间距离，建筑尺寸与形式，进出货及搬运位置，补货或服务设施的位置等。

总之，不论仓储区如何布置，应先求出存货所占空间大小，货品尺寸及数量，堆放方式，托盘尺寸和货架储位空间。

①托盘平置堆放的仓储空间规划

当大量发货时，把托盘放在地板上平置堆放为宜。此时应考虑托盘的数量、尺寸和通道。设托盘尺寸为 $P1 \times P2$，通过货品尺寸和托盘尺寸计算每个托盘平均可堆放 N 箱货品，若平均存货量为 Q，则需要的储存空间 D 为：

$$D = \frac{Q}{N} \times (P1 \times P2)$$

在考虑实际仓储所需空间时还应考虑到高层叉车存取作业所需的空间，此外，中枢型通道占全部面积的 30% ~ 35%，为此，实际仓储所需空间 A 应为：

$$A = \frac{D}{1-35\%} = 1.5D$$

设料框尺寸为 $P3 \times P4$，由货品尺寸和料框尺寸算出每个托盘平均可堆放 N 箱货品，料框在仓库中可堆放 L 层，平均存货量为 Q，则存货空间 D 为：

$$D = \frac{Q}{L \times N} \times (P3 \times P4)$$

当计算实际仓储所需空间时，还要考虑到高层叉车存取作业所需空间，采用一般的中枢形通道，则通道占全部面积的 35% ~ 40%，所以实际仓储需要的空间 A 为：

$$A = \frac{D}{1-40\%} = 1.67D$$

②使用托盘货架储存的仓储空间规划

当使用托盘货架储存货品时，在计算存货空间时除了考虑货品尺寸和数量、托盘尺寸、货架形式和层数之外，还要考虑相应通道空间。设货架为 L 层，每个托盘可堆放 N 箱，平均存货量为 Q，由于货架具有区块特性，即每个区块由两排货架和通道组成，因此实际仓储区空间包括存取通道和仓库区块空间（由托盘占地空间换算）。在计算货架的货位空间时应以一个货位为计算基础。设一个货位可存放两个托盘或一个托盘，现以存放两个托盘为例加以说明。

设货架货位宽度为 $P1$，货架货位长度为 $P2$，区块货位列数为 Z，叉车直角存取通道宽度为 $W1$，储区区块侧向通道宽度为 $W2$，仓储区的区块数为 B，每一区块的空间面积为 A，则存货需要的托盘占地 P 为：

$$P=\frac{Q}{L\times N}\times\frac{P1\times P2}{2}$$

每一区块的空间面积则为：

$$A=(2\times P1+W1)\times(Z\times P2+W2)$$

每个区块内货格所占面积为：

$$2\times Z\times P1\times P2$$

仓储区的区块数为：

$$B=\frac{P}{2\times Z\times P1\times P2}=\frac{Q}{2\times 2\times Z\times L\times N}$$

当求得仓储区的区块数 B 和每个区块的占地面积 A 后，则可求得仓储区的总面积 S，即 $S=A\times B$。

③利用轻型货架储存

对于尺寸不大的小量多品种货物采用轻型货架储存。如以箱为储存单位时，在计算空间时应考虑货品的尺寸、数量、货架形式及层数、货架的储位空间等因素。设货架为 L 层，每个货位的面积为 $a\times b$，每货位堆放 M 箱货物，平均存货量为 Q，则存货空间 D 为：

$$D=\frac{Q}{L\times M}\times(a\times b)$$

物资仓库内平面区域布局规划常采用从收货到发货的直线形和 U 形布局

两种形式，其布局示意图见附图 1 和附图 2。

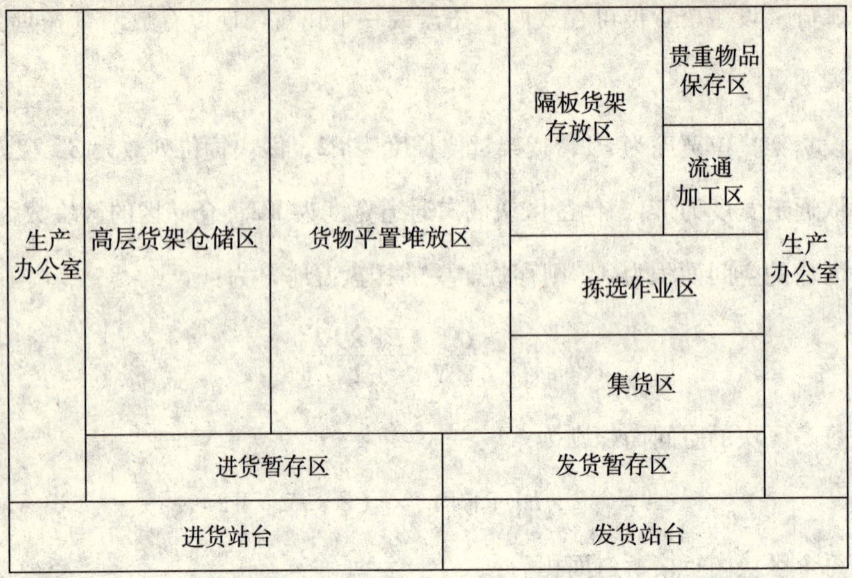

附图 1 进出货站台同一侧的物资仓储作业区相对位置布局示意图

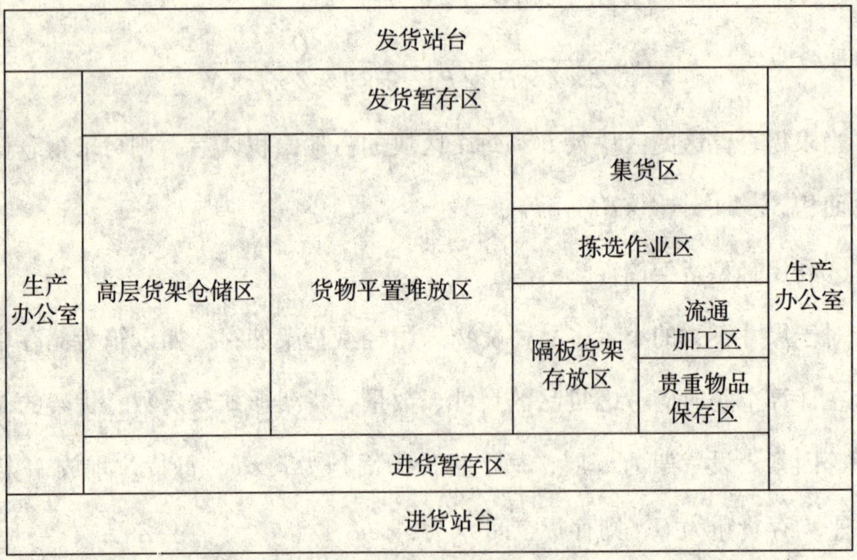

附图 2 进出货站台在两侧的物资仓储作业区域相对位置布局示意图

6 物资容器标准

6.1 托盘

通用托盘分为塑料托盘、木制托盘、金属托盘及复合托盘等。常用托盘的规格一般是：1100mm × 1100mm × 150mm、1200mm × 800mm × 160mm、1200mm × 1000mm × 140mm、1100mm × 800mm × 140mm、1200mm × 1200mm × 170mm、1000mm × 1000mm × 120mm、1200mm × 1100mm × 120mm、1140mm × 1140mm × 150mm、1219mm × 1016mm × 140mm 等。物资仓库建议采用 1200mm × 1000mm 规格的托盘。

6.2 周转箱

周转箱一般分为可堆式周转箱，可插式周转箱，可拆叠式周转箱等。常用周转箱的规格有：300mm × 200mm、400mm × 300mm、600mm × 400mm、650mm × 440mm、530mm × 366mm 等。物资仓库建议采用 600mm × 400mm 的周转箱。

7 物流工艺设备

7.1 物资仓库设备的配置原则

（1）物流仓储工艺设备的配置首先应符合现行有关国家标准、规范的规定要求。

（2）物流仓储工艺设备配置的类型和数量应根据仓库作业要求，以降低职工劳动强度、提高劳动效率的需要进行配置，同时应做到系列化、规范化、标准化、合理化、使用方便和安全可靠。设备应选用技术性能好、结构可靠、经济合理、维护方便的定型产品。

（3）充分注意人机结合，根据技术经济比较，合理确定各类物资处理采用机械化、自动化或手工操作的作业方式。

（4）对于不易扩容的物流设备，按满足投产后10年的业务处理需求进行配置，其他设备则按照满足投产后5年的需求进行配置。

7.2 物资仓库设备配置方法

7.2.1 仓储机械设备配置系数

仓储机械设备的配置系数 K 一般可按以下公式计算：

$$K=\frac{Qc}{Qt}$$

式中：Qc——仓储机械设备能力，即设备能完成的年物流量（吨/年）；

Qt——仓储过程年总物流量（吨/年）。

K 值一般取 0.5～0.8，它是衡量仓库机械化配置方案作业化程度高低的一个指标。$K>0.8$，仓储机械化程度高；$0.5<K<0.8$，仓储机械化程度适中；$K<0.5$，仓储机械化程度低。Y公司仓储物流工艺设备配置标准可取 K 值在 0.5～0.8 之间。

7.2.2　仓储年总物流量和机械设备完成物流量的确定

物资仓库仓储过程年总物流量 Qt 由如下公式计算确定：

$$Qt = \sum_{i=1}^{n} Qt_i = \sum_{i=1}^{n} (\alpha H)_i$$

式中：n——物资仓库库房的数量；

H_i——第 i 个库房的年吞吐量（吨/年）；

α_i——第 i 个库房的重复搬运系数，根据储存物资的重复搬运次数确定，一般可取 $\alpha_i = 1 \sim 2$，如无二次搬运，$\alpha_i = 1$；

Qt_i——第 i 个库房的年总物流量（吨/年）。

物资仓库仓储过程各类装卸、搬运、起重运输机械设备完成的年物流量 Qc 由如下公式计算确定：

$$Qc = \sum_{i=1}^{m} Qc_i = \sum_{i=1}^{m} (E\beta QeN\rho t)_i$$

式中：m——各类机械设备的类型数；

Qc_i——第 i 类机械设备能完成的物流量（吨/年）；

E_i——第 i 类机械设备数；

Qe——某机械设备的额定起（载）重量（吨）；

β——某机械设备的起（载）重量系数，即平均一次吊装或搬运的物资重量与 Qe 的比值；

N——某机械设备单位工作小时平均吊装或搬运的次数（次/小

时），它由设备运行距离、运行速度和设备所需辅助时间确定；

t——某机械设备年日历工作小时数（小时/年），一班制工作小时数为 $t=7\times280=1960$（小时/年）；二班制工作小时数为 $t=14\times280=3920$（小时/年）；

ρ——某机械设备的时间利用系数，即某机械设备年平均实际工作小时数与年日历工作小时数 t 的比值。

7.2.3 物资储备仓库机械设备数量的配置

根据以上的计算，可求出各类机械设备所需配置数量及仓库总的机械设备配置数量。仓库内总机械设备配置数量 E 见如下计算公式：

$$E = \sum_{i=1}^{n} E_i$$

式中：E_i——第 i 类机械设备配置数量；

n——仓库内机械设备配置种类数。

根据以上计算公式，可求出 E_i：

$$E_i = \frac{Qc_i}{(\beta QeN\rho t)_i}$$

主要仓储的机械设备能力评价参数 β、N、ρ 见附表 3。

附表 3　　主要仓储机械设备能力评价参数

设备类型	β	N	ρ
桥式起重机	0.4 ~ 0.7	4.0 ~ 6.0	0.3 ~ 0.7
轮胎起重机	0.4 ~ 0.6	4.0 ~ 8.0	0.3 ~ 0.5
臂架起重机	0.3 ~ 0.6	4.0 ~ 6.0	0.4 ~ 0.7
叉车	0.5 ~ 0.8	6.0 ~ 10.0	0.4 ~ 0.7

续 表

设备类型	β	N	ρ
载货汽车	0.7～1.0	2.0～4.0	0.4～0.8
货梯	0.5～0.9	5.0～10.0	0.5～0.9
其他手动设备	0.5～0.9	6.0～10.0	0.5～0.8

7.3 仓储物流中心主要采用的各类工艺设备

（1）仓库搬运、运输、装卸、堆放设备：电动叉车、手动叉车、电动搬运车、电动牵引车、装卸过桥、升降平台、连续输送设备、巷道堆垛机、起重设备等；

（2）仓库储存设备：货架（轻型、中型、重型）、托盘货架、隔板货架、高层立体货架等；

（3）称重设备：汽车衡、地上电子衡、电子台秤等；

（4）包装设备：捆扎机、塑膜缠绕机等；

（5）其他设备：室内电动清洁车、充电机等。

7.4 仓储物流中心工艺设备配置基本要求

7.4.1 装卸、搬运设备

（1）在仓库装卸站台可配置装卸过桥和液压升降平台等设备。

（2）在仓库内的接发区、库内各作业区之间的装卸、搬运可配置平衡重式电动叉车和电动、液压搬运车等设备。

（3）在仓库堆场可配置内燃式叉车或汽车起重机等设备，用于大型货物在场区的装卸、搬运。

（4）在仓库内对于外形包装极不规整且重量大于5吨的货物，可采用桥式起重机等设备进行货物的升降、装卸和搬运。

（5）在配置搬运设备时，短距离高密度流量的搬运宜采用叉车等设备；短距离低密度流量的搬运宜采用手推车、手动液压搬运车等简单设备；长距离低密度流量的搬运宜采用电动液压搬运车等设备；长距离高密度流量的搬运宜采用无人搬运车、自动引导搬运车等设备。

（6）当运输距离在200米左右时宜采用电动叉车等设备；当运输距离在100米左右时宜采用手推车、手动液压搬运车等设备；当运输距离大于500米时，不宜采用电动叉车，可使用内燃叉车、汽车起重机或桥式起重机等设备。

（7）可根据作业率配置叉车及相应的托盘或辅助夹具。叉车起重量不宜超过2吨，起升高度为3米～10米。

（8）多层库中的楼层仓间，可选用起重量不大于1吨的手动或液压叉车、搬运车。多层库中选用的设备应与楼层的荷载设计值相适应。

（9）货架层数不超过五层的物资库房，货架高度在3米～10米范围时，宜选用高位叉车。叉车最大起升高度大于10米时，可选用巷道堆垛机。

（10）物资仓库的大型货场宜选用额定起重量不大于25吨的轮胎起重机或10吨以下的叉车。

7.4.2 仓储设备

（1）仓储设备应根据货物的种类、形态、重量、体积、包装形式、数量、存取频次、存取顺序、库房结构、库区情况及设备投资等因素综合确定。

（2）对于货架高度在10米以上、仓库自动化水平高、货物出入库频次高、货物出入库效率和准确率要求高、存储密度大、空间利用率高的需求，可配置有巷道堆垛机的自动化立体仓库。

（3）对于体积重量极大、品种少、数量小、存取频次相当高的仓储货物宜采用就地平置或堆码方式储存。

（4）对于货架高度在10米以下、出入库频次不太高、单次出入库作业时间要求不太紧的情况，且货物包装形态较规整、体积重量适中的货物可配置普通高位托盘货架仓库。普通高位托盘货架仓库一般配置电动前移式侧向叉车或电动三向堆垛叉车（VNA）。

（5）仓储货架分为轻型货架、中型货架和重型货架。轻型货架的货位单元荷载为小于150千克，中型货架的货位单元荷载为150千克~500千克，重型货架的货位单元荷载为大于500千克。

（6）普通高位托盘货架仓库采用高位托盘货架，货架货位单元规格可控制在2800mm×1200mm×2000mm以内，每层高度在2米以内可调，货架层数宜为3~5层。自动化立体仓库采用高位托盘货架，货架货位单元规格可控制在2800mm×1200mm×2000mm以内，货架层数宜为8~10层。

8 物资仓库土建建设要求

8.1 一般原则

（1）新建标准化集中仓库应坚持统一性、标准化的原则。

（2）改扩建标准化集中仓库，应充分利用原有场地、局房、设施等。在总平面规划时，应考虑新老建筑的合理、协调布置。

（3）总平面规划时，生产及辅助用房宜按使用功能分区。

（4）新建标准化集中仓库建筑密度应与当地规划保持一致，原则上宜为35%～45%，不应超过50%，改扩建标准化集中仓库建筑密度原则上不应超过55%。

（5）新建标准化集中仓库在条件允许情况下适当留有发展用地。

8.2 仓库的平面布置

8.2.1 库区

库区宜采用矩形平面，一般可分为装卸区、储存区、加工区。以铁路运输为主的仓库，装卸区应设于铁路专用线两侧。

机电产品物资库房周边宜设置装卸区，道路宜与装卸站台结合布局。

高架库房宜与单层库房布置成建筑群体。

轻工物资仓库应采用单向循环车道。一、二、三类物资应分区堆放，各分区宜采用实体围墙隔开。

8.2.2 辅助生产区

辅助生产用房应与工序相关的库房及车间组成建筑群体。

警卫，消防及值班用房应组成建筑群体，设于大门附近，并应有良好的交通设施。

建（构）筑物间的防火间距应符合《建筑防火设计规范》的规定。

仓库变配电所的位置：

①应设于负荷中心，进出线方便，不妨碍仓库的发展处。

②应避开多粉尘和有腐蚀性气体的场所。

③应避开低洼潮湿地区。

库区供电线路应沿道路平行布置，有条件时宜采用埋地敷设方式。

8.3 仓库的竖向布置

仓库的竖向布置应与总平面图布置统一考虑，因地制宜确定建（构）筑物的场地设计标高，并充分考虑城市未来发展的影响。

货场的地面标高应高出周围场地，周围场地的平整度宜在0.5%～3%之间。

8.4 其他

8.4.1 绿化

在总图设计中应同时考虑绿化工程，对环境有影响的仓库，库区四周宜设绿化带。

库区绿化树种以灌木为主，不宜采用落叶较多及根部伸展较长的树种。

8.4.2 围墙

库区四周应设非燃实体围墙，在风压较大的地区，围墙应当考虑防风措施。

8.4.3 出入口

出入口应有对库内外道路良好的行车视距及安全条件。

库区大门内外的道路，应分别设置不小于15米的直线路段。

8.5 道路

库区内道路划分为：主要干道、次要干道和消防道，道路的平面布置应结合仓库总图进行设计。库区内道路主要技术指标如下：

①路面宽度：主要干道6米～12米；次要干道4.5米～6米；消防道3.5米。

②内侧转弯半径：主要干道9米～18米；次要干道9米～12米；消防道9米。

③停车视距：15米。

④会车视距：30米。

⑤交叉口停车视距：20米。

库区内道路的平面布置宜与建筑物轴线平行，并形成环形道路网。道路纵断面应与库区内竖向设计和库区内建（构）筑物相协调。

道路边缘与相邻建（构）筑物的最小净距如下：

①建筑物面向道路一侧无出入口：1.5米。

②建筑物面向道路一侧有出入口无汽车引道：3米。

③建筑物面向道路一侧有出入口有汽车引道：双车道8米；单车道6米；叉车道4.5米。

④消防车道至建筑外墙：5米。

道路纵坡应满足排水需要和使用要求，并需与库区内竖向设计相衔接。

对可能危害库区内道路路基稳定的地面水和地下水，应结合仓库排水系统的设计，采用适当措施，使水迅速排出路基范围。

仓库道路路面等级及面层类型应按下列原则选择：

①道路宜采用水泥混凝土面层。对重载物资仓库，应设置低级路面的辅助道路。

②水泥混凝土路面设计年限应以30年为基准值，其抗折强度设计值不应小于4.5MPa。

水泥混凝土路面机体分块一般宜采用矩形，横向尺寸应与道路行车道宽度（3米、3.5米、3.75米、4米）相一致。

纵向尺与寸（平行道路中心线）不宜大于4米。混凝土板体的面积不宜大于16米。

8.6 货场

货场宽度宜大于30米，当货场的长度超过200米时，中间应布置横向主干道。

货场的坡度采用纵坡排水时，纵坡不宜小于0.8%，横坡不宜大于0.5%；采用横坡排水时，纵坡不宜大于0.2%，横坡不宜小于0.8%。

货场排水：

①货场排水应与库区总体排水系统相衔接，汇水面积按分散的原则划分，就近排入管沟。

②货场应采用有组织排水，竖向布置尽可能设计成龟背式，向四周分散排水。场地较小，受地形限制时，也可设计成坡向两侧或坡向一侧，排水沟置于汇水线上。

货场的排水形式可采用暗管或明盖沟。采用暗管时，暗管管径不小于300毫米，暗管顶部覆土深度不应小于700毫米；采用明盖沟沟底净宽不应小于400毫米，沟底纵坡不应小于0.3%，设于货场中的明盖沟盖板的设计荷载应大于货场地面荷载设计值。

货场的地面结构一般由面层、基层和垫层组成。

①货场地面层类型的选择，应根据货场的性质，荷载、水文地质等因素和就地取材原则，通过技术经济比较确定。储存集装箱的货场，应采用水泥混凝土面层。

②基层应具有足够的强度和稳定性，要求整体性好，透水性小。

③潮湿地段上应设置垫层，其厚度不应小于150毫米。在季节性冰冻地区有冻胀的潮湿地段，垫层厚度应符合《公路柔性路面设计规范》的规定。

8.7 建筑

8.7.1 一般规定

库房的建筑形式应与其建筑功能相适应、应简洁，规正和对称，一般采用矩形。

库房的建筑平面利用率不小于下列规定：单层库94%，多层库86%，高架库93%。

8.7.2 耐火等级及建筑面积

库房的耐火等级应根据库房的建筑形式及库内储存物资类别等因素确定，并应不低与二级。

库房的层数，占地面积与其耐火等级间比关系应符合现行《建筑设计防火规范》。

省内集中仓储物流中心近期建设单体仓库，单体仓库的建设规模控制在12000平方米以内。单体仓库的建设规模可分为两个档次，即6000平方米以内，6000平方米～12000平方米。

8.7.3 屋面

屋面宜采用有组织外排水，平屋顶屋面的横向排水坡度不应小于2%，檐沟纵向排水坡度不应小于0.5%。

采用无组织排水方式时，屋顶出檐长度不应小于0.6米。

有保温要求的库房，屋顶应做保温层，保温层的材质及其厚度必须通过热工计算确定。

8.7.4 楼面及地面

防潮隔湿要求较高的库房，应在地面垫层下做防潮隔湿层。

重载物资库房，宜用块料地面，其厚度及垫层做法应根据设计荷载计算确定。

现浇地面宜随浇捣随抹光，一次成型不另做面层，混凝土强度等级不应低于C25，并应设置伸缩缝及沉降缝。伸缩缝的纵横间距不宜大于4米。靠墙四周应设置沉降缝，沉降缝至内墙面的距离由结构构造要求确定。

楼面及地面面层应经久耐磨、耐冲击、不起砂、易清洁，粗糙度应适当。

8.7.5 门窗

库房门宜对称设置，宜在每个开间内设置大门。

库房门高度与宽度应视作业机械和储存物资的外包装尺寸而定。

对温度、湿度及防尘有较高控制要求的库房，应采用密闭措施。设置门斗时，平开门的开启方向应与疏散走向相一致。

门上方应设置雨罩，雨罩比门洞每边应宽出500毫米，伸出墙外的长度不应小于900毫米。门下部应有防鼠害保护措施。

库房的窗地面积比宜为1∶10～1∶18。窗功能以采光为主的库房，宜用固定窗，窗地面积比应取大值，窗功能以通风为主的库房，宜用中悬窗，窗地面积比应取小值，但应按自然通风换气次数验算核定。

储存对温度，湿度及防尘有较高控制要求及有避光要求的物资的库房，应采用严格控制窗洞面积，增强窗洞密闭性能及设置遮阳板等建筑措施。

首层库房窗的下窗口距室外地面的高度不应小于2.5米，并应有安全防护措施。

库房的通风口面积应通过计算确定。单个通风口的面积不宜大于0.2平方米且应设置安全防护措施。通风口底部距库房内地面的高度差不应大于250毫米。

8.7.6 墙

对温度及湿度控制有较高要求的库房及辅助生产用房，墙体宜选用节能建筑材料，其材质及厚度除应满足结构计算要求外，还应满足热工计算要求。

非自防水墙体应设置防潮隔湿层，有混凝土地梁圈的库房应利用地圈梁作墙身防潮隔湿层。

8.8 结构

8.8.1 荷载

库房结构设计应考虑下列荷载：

（1）恒荷载，结构自重及土压力等；

（2）活荷载：物资堆载、吊（叉）车荷载、屋面活荷载、雪荷载及风荷载等；

（3）偶然作用：地震作用。

仓库地面、楼面等效均布活荷载标准值：以工艺要求为准。

8.8.2 结构形式

单层库房宜选用单层门式钢架结构。

8.8.3 地基与基础

库房及货场宜利用堆积荷载预压过的建筑场地，地面堆积荷载应采用均匀和逐级加荷法堆置。

有叉车作业的库房和货场地坪下地基承载力标准值 fK 不应小于 100kPa，当地基承载力不能满足设计要求时，必须进行地基处理。

建筑场区为高压缩性土时，库房的地坪优先选用块料面层，建筑场区为中等压缩性土时，库房的地坪不宜做现浇混凝土地面。

库房物资堆载不宜压在基础上，如库房基础设计未考虑物资堆载压基础时，必须在平面图中标注物资堆码线，否则，应考虑物资堆载对基础的影响。

新建库房如果有高架自动化立体仓库，地基和基础需要特殊处理，以满足不均匀沉降要求。

8.8.4 其他

改扩建集中仓库的选择应综合考虑仓库储存能力、改造投资等因素，经改造后应做到安全、适用、经济合理。

改扩建仓库应进行可靠性鉴定，地震区仓库的可靠性鉴定应与抗震鉴定结合进行。

8.9 电气设计

8.9.1 变配电系统

高压电源采用10（6）kV 供电线路，低压配电系统均采用380/220V 三相四线加 PE 线制交流电源系统。设置应急低压柴油发电机组做为备用电源。

负荷等级分类：物流中心信息化设备按一级负荷中特别重要负荷进行供电，物流工艺设备、消防设备、智能化设备按一级负荷进行供电，货架及工艺所需照明按二级负荷进行供电，其他照明、动力用电按三级负荷进行供电。

8.9.2 配电系统

变压器二次侧至用电设备之间的低压配电级数不宜超过三级。

照明、工艺设备用电、一般动力用电、消防等负荷应分别自成配电系统。

工艺设备应由设备厂商提供控制箱，建筑电气设计按工艺要求提供相应的配电回路。

低压配电系统的设计，应符合现行国家标准《低压配电设计规范》GB 50054的有关规定。

8.9.3 照明系统

在照明设计时，应根据视觉要求、工作性质和环境条件，使工作区获得良好的视觉效果、合理的照度和显色性，以及适宜的亮度分布。

应充分利用自然光，并采用集团公司节能改造规范推荐的节能型灯具、光源。

控制方式：要求做到按工艺流程分区域控制，条件允许的可以采用智能灯光控制系统。

仓库主要场所一般照明的照度值宜按附表4取定：

附表4　　各房间的照度推荐表

序号	房间名称	参考平面及其高度	照度标准值（lx）	显色指数	备　注
1	大件库	1米水平面	50	20	
2	一般件库	1米水平面	100	60	
3	精细件库（如工具、小零件）	1米水平面	200	60	货架垂直照度不小于50lx
4	辅助用房	0.75米水平面	300	80	
5	变配电室	0.75米水平面	200	60	
6	发电机室	地面	200	60	

注：其他房间参照国家标准《建筑照明设计标准》GB 50034。

8.9.4　防雷与接地系统

库房的防雷、接地、雷电过电压保护应符合现行标准《建筑物防雷设计规范》GB 50057和《交流电气装置的接地》DL/ T 621—1997的有关规定。

库房的防雷措施应按第三类防雷建筑物的防雷要求设计。当工艺设计有特殊要求时，应按工艺设计要求设计。

8.9.5 火灾自动报警系统

库房应设置火灾自动报警系统。

库房应设置消防控制室并符合下列规定：

（1）单独建造的消防控制室，其耐火等级不应低于二级；

（2）附设在建筑物内的消防控制室，应设置在建筑物内首层的靠外墙部位，并应设置直通室外的安全出口；

（3）严禁与消防控制室无关的电气线路和管路穿过；

（4）不应设置在电磁场干扰较强及其他可能影响消防控制设备工作的设备用房附近。

火灾自动报警系统的设计，应符合现行国家标准《火灾自动报警系统设计规范》GB 50116 的有关规定。

8.9.6 漏电火灾自动报警系统

库房应设置漏电火灾自动报警系统。

8.10 给排水及采暖、通风

8.10.1 给水

库区水源宜采用城市自来水作为水源，当条件困难需设置独立水源时，应进行技术经济论证。用水量应符合国家现行的有关标准、规范的规定。

8.10.2 排水

库区排水宜采取有组织的自流地下管道排水系统。

排水管不宜穿越货场或道路。如需穿越时，管顶最小覆土厚度应根据地面荷载、货场和路面结构、管材材料强度及冻土深度等因素确定，并不应小于700毫米。并应符合现行《室外排水设计规范》的规定。

湿陷性黄土地区、膨胀土地区及常年冻土地区的给排水管道、沟渠及其他构筑物应按照国家相关规范进行设计。

雨水口的形式、数量和布置，应根据汇水面积所产生的流量、雨水口的泄水能力及道路形式确定。

8.10.3 消防

仓库内存放物资火灾危险类别由工艺确定。

仓库区规划和设计时，必须同时考虑消防系统设计。室外消防给水管网应布置成环状，消防给水管直径不应小于100毫米。

室外消火栓的保护半径不应超过100米，在市政消火栓保护半径100米以内的仓库，可不设置室外消火栓。消防用水量应符合现行《建筑设计防火规范》的规定。

仓库均应设置室内消火栓给水系统，消防给水管网应布置成环状。楼梯间及电梯前室应设室内消火栓，并应设置实验和检查用的消火栓。消防用水量应符合现行《建筑设计防火规范》的规定。

库区消防用水量，应按最大一座库房（货场）的消防用水量确定，并不应小于《建筑设计防火规范》的规定。

北方寒冷地区消防管要采取防冻措施。

仓库内应配置手提式或Y公司式灭火器。

仓库内宜设消防排水设施。

8.10.4 采暖、通风

应优先采用自然通风设计。消除仓库内的余热、余湿。通风量不小于每小时1次的换气量。对温湿度有特殊要求的仓库，靠自然通风满足不了要求时应增设机械通风。

（1）冬冷夏热地区：宜增设采暖及空调设施。

（2）冬暖夏热地区：宜增设空调设施。

（3）严寒、寒冷地区：宜增设采暖设施。

冷、热源：热源应优先采用城市供热。如新建、扩建、改建锅炉房及冷源时，应根据标准化集中仓库所在地的条件选择冷、热源形式。

9 仓库安全防范及管理

9.1 仓库安全防范系统

综合运用安全防范技术和其他科学技术，为库区建立一个具有防入侵、防盗窃、防抢劫、防破坏等功能（或其组合）的外界环境。

系统按重要物资储存库一级防护工程进行设计，由入侵报警系统、视频安防监控系统、出入口控制系统、电子巡查系统、保安通信系统集成或组合而成，并应通过监控中心的安全管理系统实现对各子系统的管理和监控。

安全防范系统的设计，应符合现行国家标准《安全防范工程技术规范》GB 50348的有关规定。

9.2　有线广播系统

分为业务性广播系统和火灾应急广播系统，扩音设备等主机装置单独设置，末端扬声器两套系统共用。当火灾发生时，由消防控制室切换馈电线路，按区域进行火灾应急广播。